Machado de Assis·Luiz Vilela·Affonso Romano de Sant'Anna·Adriano Macedo·Branca Maria de Paula·Raul Pompéia·Marcos Rey·Lourenço Diaféria·Francisco de Morais Mendes

Retratos da Escola

Adriano Macedo [Org.]

Machado de Assis·Luiz Vilela·Affonso Romano de Sant'Anna·Adriano Macedo·Branca Maria de Paula·Raul Pompéia·Marcos Rey·Lourenço Diaféria·Francisco de Morais Mendes

3ª edição
1ª reimpressão

Retratos da Escola

autêntica

Copyright © 2012 os autores
Copyright © 2012 Autêntica Editora

EDIÇÃO GERAL
Sônia Junqueira (T&S – Texto e Sistema Ltda.)

PROJETO GRÁFICO E EDITORAÇÃO ELETRÔNICA
Christiane Costa

REVISÃO
Maria do Rosário Alves Pereira

EDITORA RESPONSÁVEL
Rejane Dias

Revisado conforme o Acordo Ortográfico da Língua Portuguesa de 1990, em vigor no Brasil desde janeiro de 2009.

Todos os direitos reservados pela Autêntica Editora. Nenhuma parte desta publicação poderá ser reproduzida, seja por meios mecânicos, eletrônicos, seja via cópia xerográfica, sem a autorização prévia da Editora.

AUTÊNTICA EDITORA LTDA.

Belo Horizonte
Rua Aimorés, 981, 8º andar . Funcionários
30140–071 . Belo Horizonte . MG
Tel: (55 31) 3214 5700

Televendas: 0800 283 13 22
www.autenticaeditora.com.br

São Paulo
Av. Paulista, 2073 . Conjunto Nacional
Horsa I . 11º andar . Conj. 1101
Cerqueira César 01311-940 . São Paulo . SP
Tel.: (55 11) 3034 4468

Dados Internacionais de Catalogação na Publicação (CIP)
(Câmara Brasileira do Livro, SP, Brasil)

Retratos da escola / Adriano Macedo (org.) ; – 3. ed., 1. reimp. – Belo Horizonte : Autêntica Editora, 2012.

Vários autores.
ISBN 978-85-65381-09-3

1. Contos brasileiros. 2. Educação 3. Escola I. Macedo, Adriano. II. Título.

12-01182   CDD-869.93

Índices para catálogo sistemático:
1. Contos : Literatura brasileira 869.93

Para Bárbara.
E para os professores Nani, Graça Sette,
Sonia Junqueira, Geraldo Honorato Michel,
Elenice Gonçalves, Helenice Gramiscelli
Figueiredo, Élcio Coutinho, Imaculada Reis e
Adair Carvalhaes Júnior.

9 Apresentação
Graça Sette

15 Conto de escola
Machado de Assis

27 O professor de inglês
Luiz Vilela

37 Porta de colégio
Affonso Romano de Sant'Anna

41 A prova de matemática
Adriano Macedo

47 Pisando leve
Branca Maria de Paula

61 O Ateneu
Raul Pompéia

69 O coração roubado
Marcos Rey

73 Cesta lírica
Lourenço Diaféria

79 A luta do ano
Francisco de Morais Mendes

Umas palavrinhas antes de folhear este álbum de retratos

> *Passando pela porta de um colégio,*
> *me veio uma sensação nítida de que*
> *aquilo era a porta da própria vida.*
>
> AFFONSO ROMANO DE SANT'ANNA
> "Porta de colégio"

Retratos da escola, assim como um álbum de fotografias que nos permite observar e comparar retratos de vários momentos da vida, é uma coletânea de textos clássicos e contemporâneos, um conjunto de "fotografias literárias" em que escritores de diferentes épocas registram as cores, as emoções e densidades da escola no período em que viveram essa fase.

Nesta antologia dialogam autores clássicos como Machado de Assis e Raul Pompéia e modernos ou contemporâneos como Affonso Romano de Sant'Anna, Luiz Vilela, Lourenço Diaféria, Marcos Rey, Branca Maria de Paula, Francisco de Morais Mendes e Adriano Macedo.

Os textos desta coletânea são ambientados no espaço escolar ou mesmo fora dele, mas a dinâmica da escola é o tema ou a motivação dos conflitos e das ações das personagens. Tematizam a relação conflituosa com o poder, o medo, a delação, a corrupção, as dúvidas, a culpa, o arrependimento:

emoções e sentimentos que permeiam as relações humanas dentro e fora da escola.

Não existem mais a palmatória e os internatos de meninos e meninas, mas as relações de poder no interior da instituição permanecem.

O leitor vai perceber que a escola, em alguns dos textos, é representada como uma prisão, um espaço opressor que, paradoxalmente, prepara as personagens para a vida; ou melhor, a escola é a própria vida. Em outros, é retratada em tom mais lírico, mais otimista.

Esta seleção apresenta contos em que narradores-protagonistas contam suas reminiscências ou narradores-observadores relatam conflitos e peripécias das personagens durante a vida escolar.

"Conto de escola", de Machado de Assis, narra o primeiro contato de um menino com a delação e a corrupção. Os fatos narrados aconteceram no século XIX, mas poderiam ocorrer hoje.

No conto de Luiz Vilela, "O professor de inglês", o primeiro dia de aula de Carlos, que chega atrasado à classe, durante uma arguição, transforma-se numa experiência que pode deixar marcas na vida do rapaz.

Em "Porta de colégio", de Affonso Romano de Sant'Anna, o narrador olha amorosamente para um bando de adolescentes em frente a um colégio e diverga a respeito do futuro desses jovens que, em sua opinião — enquanto estão na escola — ainda se encontram protegidos dos perigos da vida.

Em "A prova de matemática", de Adriano Macedo, a personagem tenta desesperadamente conseguir fazer uma prova que perdeu. É uma situação familiar a qualquer estudante, mas a solução que a menina encontra pode trazer consequências muito graves.

"Pisando leve", de Branca Maria de Paula, tematiza os namoros adolescentes e narra as peripécias de duas meninas que estudam em um internato. Você que tem celular, troca e-mails, está sempre plugado(a), vai se divertir com esse conto que a levará para uma escola do passado, ao saber das dificuldades enfrentadas, naquele tempo, para enviar uma simples cartinha aos namorados.

O trecho do romance "O Ateneu", de Raul Pompéia, narra o primeiro dia de aula de Sérgio no internato, quando é recebido pelo rígido diretor Aristarco. Desde aquele momento, o narrador-protagonista vivencia um clima de medo e opressão no colégio.

"O coração roubado", de Marcos Rey, narra uma história comovente a respeito da dúvida e da injustiça. Você já imaginou desconfiar de um colega e somente depois de 40 anos descobrir que foi injusto?

"Cesta lírica", de Lourenço Diaféria, narra o distanciamento dos colegas de sua "boa turma", após a conclusão do curso, e as aventuras de um deles, o Bombarda. O que teria acontecido com cada um?

Em "A luta do ano", de Francisco de Morais Mendes, os protagonistas são os "marrentos" da escola. Os brigões estão sempre envolvidos em confusões... e como! Como teria sido mesmo aquela "famosa" briga do ano?

Você já deve estar curioso(a) para ler *Retratos da escola*. E tenho certeza: vai curtir e se emocionar com essas histórias tão bem escolhidas por Adriano Macedo, tanto pela qualidade literária quanto pelo tema: sempre atual. Afinal, a escola é uma ponte entre a casa e o mundo. Longe da família, nas salas de aula, o estudante percebe e observa o outro, o diferente. E tem que se virar sozinho. É onde aprende a conviver e a compartilhar; toma contato com novos conhecimentos, vive experiências muitas vezes inusitadas e amplia o que já sabe a respeito da realidade.

Todos têm uma história para contar a respeito da passagem pela escola: o primeiro dia de aula, uma paixão adolescente, a bagunça na porta da escola, as conversas e brincadeiras do recreio, a turma da frente ou da primeira fila, a do fundão; os alunos mais estudiosos, os irreverentes, que perdem a nota ou o amigo, mas não perdem a piada; os valentões, os tímidos e os galãs; as meninas mais gatas, as mais inteligentes e descoladas, as modernas e as transgressoras; os intelectuais, os politizados, os roqueiros, os craques; as partidas de futebol, basquete, handebol ou voleibol; as festas, as molecagens, as broncas; o professor durão, os mestres inesquecíveis, o medo das provas, as grandes alegrias, as decepções, as descobertas.

Boa leitura ao folhear este álbum de retratos. Quem sabe um dia você também possa escrever as memórias vividas na escola!

Graça Sette[1]

---

[1] Professora de Língua Portuguesa e autora de obras didáticas e paradidáticas para os ensinos fundamental e médio.

Machado de Assis

Nasceu em 1839, no Rio de Janeiro, onde viveu até 1908. Jornalista, romancista, cronista, contista, dramaturgo, poeta, novelista, crítico e ensaísta, foi um dos maiores expoentes da literatura mundial. De origem simples e autodidata, escreveu mais de 50 obras. A colaboração em mais de uma dezena de jornais e revistas teve papel fundamental na carreira literária, desde a veiculação do poema "Ela", aos 16 anos, na revista *Marmota Fluminense*, até a publicação dos seus melhores contos e crônicas, no período de 1881 a 1897, na *Gazeta de Notícias*. Publica seu primeiro livro de poesias, sob o título de *Crisálidas*, em 1864. O primeiro romance, *Ressurreição*, é editado em 1872. *Memórias póstumas de Brás Cubas*, romance pouco convencional para a época, é publicado em 1881 e considerado um dos marcos do realismo na literatura brasileira, ao lado de *O mulato*, de Aluísio Azevedo. O livro *Dom Casmurro*, que veio a público em 1899, é uma das obras-primas do autor.

Conto de escola

A escola era na rua do Costa, um sobradinho de grade de pau. O ano era de 1840. Naquele dia — uma segunda-feira, do mês de maio — deixei-me estar alguns instantes na rua da Princesa a ver onde iria brincar a manhã. Hesitava entre o morro de S. Diogo e o Campo de Sant'Ana, que não era então esse parque atual, construção de *gentleman*, mas um espaço rústico, mais ou menos infinito, alastrado de lavadeiras, capim e burros soltos. Morro ou campo? Tal era o problema. De repente disse comigo que o melhor era a escola. E guiei para a escola. Aqui vai a razão.

Na semana anterior tinha feito dous suetos, e, descoberto o caso, recebi o pagamento das mãos de meu pai, que me deu uma sova de vara de marmeleiro. As sovas de meu pai doíam por muito tempo. Era um velho empregado do Arsenal de Guerra, ríspido e intolerante. Sonhava para mim uma grande posição comercial, e tinha ânsia de me ver com os elementos mercantis, ler, escrever e contar, para me meter de caixeiro. Citava-me nomes de capitalistas que tinham começado ao balcão. Ora, foi a lembrança do último castigo que me levou naquela manhã para o colégio. Não era um menino de virtudes.

Subi a escada com cautela, para não ser ouvido do mestre, e cheguei a tempo; ele entrou na sala três ou quatro minutos depois. Entrou com o andar manso do costume, em chinelas de cordovão, com a jaqueta de brim lavada e desbotada, calça branca e tesa e grande colarinho caído. Chamava-se Policarpo e tinha perto de cinquenta anos ou mais. Uma vez sentado, extraiu da jaqueta a boceta de rapé e o lenço vermelho, pô-los na gaveta; depois relanceou os olhos pela sala. Os meninos, que se conservaram de pé durante a entrada dele, tornaram a sentar-se. Tudo estava em ordem; começaram os trabalhos.

— *Seu* Pilar, eu preciso falar com você, disse-me baixinho o filho do mestre.

Chamava-se Raimundo este pequeno, e era mole, aplicado, inteligência tarda. Raimundo gastava duas horas em reter aquilo que a outros levava apenas trinta ou cinquenta minutos; vencia com o tempo o que não podia fazer logo com o cérebro. Reunia a isso um grande medo ao pai. Era uma criança fina, pálida, cara doente; raramente estava alegre. Entrava na escola depois do pai e retirava-se antes. O mestre era mais severo com ele do que conosco.

— O que é que você quer?

— Logo, respondeu ele com voz trêmula.

Começou a lição de escrita. Custa-me dizer que eu era dos mais adiantados da escola; mas era. Não digo também que era dos mais inteligentes, por um escrúpulo fácil de entender e de excelente efeito no estilo, mas não tenho outra convicção. Note-se que não era pálido nem mofino: tinha boas cores e músculos de ferro. Na lição de escrita, por exemplo, acabava sempre antes de todos, mas deixava-me estar a recortar narizes no papel ou na tábua, ocupação sem nobreza nem espiritualidade, mas em todo caso ingênua. Naquele dia foi a mesma coisa; tão depressa acabei, como entrei a reproduzir o nariz do mestre, dando-lhe cinco ou seis atitudes diferentes, das quais recordo a interrogativa, a admirativa, a dubitativa e a cogitativa. Não lhes punha esses nomes, pobre estudante de primeiras letras que era; mas, instintivamente, dava-lhes essas expressões. Os outros foram acabando; não tive remédio senão acabar também, entregar a escrita, e voltar para o meu lugar.

Com franqueza, estava arrependido de ter vindo. Agora que ficava preso, ardia por andar lá fora, e recapitulava o campo e o morro, pensava nos outros meninos vadios, o Chico Telha, o Américo, o Carlos das Escadinhas, a fina flor do bairro e do gênero humano. Para cúmulo de desespero, vi através das vidraças da escola, no claro azul do céu, por cima do morro do Livramento, um papagaio de papel, alto e largo, preso de uma corda imensa, que bojava no ar, uma cousa soberba. E eu na escola, sentado, pernas unidas, com o livro de leitura e a gramática nos joelhos.

— Fui um bobo em vir, disse eu ao Raimundo.

— Não diga isso, murmurou ele.

Olhei para ele; estava mais pálido. Então lembrou-me outra vez que queria pedir-me alguma cousa, e perguntei-lhe o que era. Raimundo estremeceu de novo, e, rápido, disse-me que esperasse um pouco; era uma coisa particular.

— *Seu* Pilar... murmurou ele daí a alguns minutos.

— Que é?

— Você...

— Você quê?

Ele deitou os olhos ao pai, e depois a alguns outros meninos. Um destes, o Curvelo, olhava para ele, desconfiado, e o Raimundo, notando-me essa circunstância, pediu alguns minutos mais de espera. Confesso que começava a arder de curiosidade. Olhei para o Curvelo, e vi que parecia atento; podia ser uma simples curiosidade vaga, natural indiscrição; mas podia ser também alguma cousa entre eles. Esse Curvelo era um pouco levado do diabo. Tinha onze anos, era mais velho que nós.

Que me quereria o Raimundo? Continuei inquieto, remexendo-me muito, falando-lhe baixo, com instância, que me dissesse o que era, que ninguém cuidava dele nem de mim. Ou então, de tarde...

— De tarde, não, interrompeu-me ele; não pode ser de tarde.

— Então agora...

— Papai está olhando.

Na verdade, o mestre fitava-nos. Como era mais severo para o filho, buscava-o muitas vezes com os olhos, para trazê-lo mais aperreado. Mas nós também éramos finos; metemos o nariz no livro, e continuamos a ler. Afinal cansou e tomou as folhas do dia, três ou quatro, que ele lia devagar, mastigando as idéias e as paixões. Não esqueçam que estávamos então no fim da Regência, e que era grande a agitação pública. Policarpo tinha decerto algum partido, mas nunca pude averiguar esse ponto. O pior que ele podia ter, para nós, era a palmatória. E essa lá estava, pendurada do portal da janela, à direita, com os seus cinco olhos do diabo. Era só levantar a mão, despendurá-la e brandi-la, com a força do costume, que não era pouca. E daí, pode ser que alguma vez as paixões políticas dominassem nele a ponto de poupar-nos uma ou outra correção. Naquele dia, ao menos, pareceu-me que lia as folhas com muito interesse; levantava os olhos de quando em quando, ou tomava uma pitada, mas tornava logo aos jornais, e lia a valer.

No fim de algum tempo — dez ou doze minutos — Raimundo meteu a mão no bolso das calças e olhou para mim.

— Sabe o que tenho aqui?

— Não.

— Uma pratinha que mamãe me deu.

— Hoje?

— Não, no outro dia, quando fiz anos...

— Pratinha de verdade?

— De verdade.

Tirou-a vagarosamente, e mostrou-me de longe. Era uma moeda do tempo do rei, cuido que doze vinténs ou dous tostões, não me lembro; mas era uma moeda, e tal moeda que me fez pular o sangue no coração. Raimundo revolveu em mim o olhar pálido; depois perguntou-me se a queria para mim. Respondi-lhe que estava caçoando, mas ele jurou que não.

— Mas então você fica sem ela?

— Mamãe depois me arranja outra. Ela tem muitas que vovô lhe deixou, numa caixinha; algumas são de ouro. Você quer esta? Minha resposta foi estender-lhe a mão disfarçadamente, depois de olhar para a mesa do mestre. Raimundo recuou a mão dele e deu à boca um gesto amarelo, que queria sorrir. Em seguida propôs-me um negócio, uma troca de serviços; ele me daria a moeda, eu lhe explicaria um ponto da lição de sintaxe. Não conseguira reter nada do livro, e estava com medo do pai. E concluía a proposta esfregando a pratinha nos joelhos...

Tive uma sensação esquisita. Não é que eu possuísse da virtude uma ideia antes própria de homem; não é também que não fosse fácil em empregar uma ou outra mentira de criança. Sabíamos ambos enganar ao mestre. A novidade estava nos termos da proposta, na troca de lição e dinheiro, compra franca, positiva, toma lá, dá cá; tal foi a causa da sensação. Fiquei a olhar para ele, à toa, sem poder dizer nada.

Compreende-se que o ponto da lição era difícil, e que o Raimundo, não o tendo aprendido, recorria a um meio que lhe pareceu útil para escapar ao castigo do pai. Se me tem pedido a cousa por favor, alcançá-la-ia do mesmo modo, como de outras vezes, mas parece que era lembrança das outras vezes, o medo de achar a minha vontade frouxa ou cansada, e não aprender como queria, — e pode ser mesmo que em alguma ocasião lhe tivesse ensinado mal, — parece que tal foi a causa da proposta. O pobre-diabo contava com o favor, — mas queria assegurar-lhe a eficácia, e daí recorreu à moeda que a mãe lhe dera e que ele guardava como relíquia ou brinquedo; pegou dela e veio esfregá-la nos joelhos, à minha vista, como uma tentação... Realmente, era bonita, fina, branca, muito branca; e para mim, que só trazia cobre no bolso, quando trazia alguma cousa, um cobre feio, grosso, azinhavrado...

Não queria recebê-la, e custava-me recusá-la. Olhei para o mestre, que continuava a ler, com tal interesse, que lhe pingava o rapé do nariz. — Ande, tome, dizia-me baixinho o filho. E a pratinha fuzilava-lhe entre os dedos, como se fora diamante... Em verdade, se o mestre não visse nada, que mal havia? E ele não podia ver nada, estava agarrado aos jornais, lendo com fogo, com indignação...

— Tome, tome...

Relanceei os olhos pela sala, e dei com os do Curvelo em nós; disse ao Raimundo que esperasse. Pareceu-me que o outro nos observava, então dissimulei; mas daí a pouco deitei-lhe outra vez o olho, e — tanto se ilude a vontade! — não lhe vi mais nada. Então cobrei ânimo.

— Dê cá...

Raimundo deu-me a pratinha, sorrateiramente; eu meti-a na algibeira das calças, com um alvoroço que não posso definir. Cá estava ela comigo, pegadinha à perna. Restava prestar o serviço, ensinar a lição e não me demorei em fazê-lo, nem o fiz mal, ao menos conscientemente; passava-lhe a explicação em um retalho de papel que ele recebeu com cautela e cheio de atenção. Sentia-se que despendia um esforço cinco ou seis vezes maior para aprender um nada; mas contanto que ele escapasse ao castigo, tudo iria bem.

De repente, olhei para o Curvelo e estremeci; tinha os olhos em nós, com um riso que me pareceu mau. Disfarcei; mas daí a pouco, voltando-me outra vez para ele, achei-o do mesmo modo, com o mesmo ar, acrescendo que entrava a remexer-se no banco, impaciente. Sorri para ele e ele não sorriu; ao contrário, franziu a testa, o que lhe deu um aspecto ameaçador. O coração bateu-me muito.

— Precisamos muito cuidado, disse eu ao Raimundo.

— Diga-me isto só, murmurou ele.

Fiz-lhe sinal que se calasse; mas ele instava, e a moeda, cá no bolso, lembrava-me o contrato feito. Ensinei-lhe o que era, disfarçando muito; depois, tornei a olhar para o Curvelo, que me pareceu ainda mais inquieto, e o riso, dantes mau, estava agora pior. Não é preciso dizer que também eu ficara em brasas, ansioso que a aula acabasse; mas nem o relógio andava como das outras vezes, nem o mestre fazia caso da escola; este lia os jornais, artigo por artigo, pontuando-os com exclamações, com gestos de ombros, com uma ou duas pancadinhas na mesa. E lá fora, no céu azul, por cima do morro, o mesmo eterno papagaio, guinando a um lado e outro, como se me chamasse a ir ter com ele. Imaginei-me ali, com os livros e a pedra embaixo da mangueira, e a pratinha no bolso das calças, que eu não daria a ninguém, nem que me serrassem; guardá-la-ia em casa, dizendo a mamãe que a tinha achado na rua. Para que me não fugisse, ia-a apalpando, roçando-lhe os dedos pelo cunho, quase lendo pelo tato a inscrição, com uma grande vontade de espiá-la.

— Oh! *seu* Pilar! bradou o mestre com voz de trovão.

Estremeci como se acordasse de um sonho, e levantei-me às pressas. Dei com o mestre, olhando para mim, cara fechada, jornais dispersos, e ao pé da mesa, em pé, o Curvelo. Pareceu-me adivinhar tudo.

— Venha cá! bradou o mestre.

Fui e parei diante dele. Ele enterrou-me pela consciência dentro um par de olhos pontudos; depois chamou o filho. Toda a escola tinha parado; ninguém mais lia, ninguém fazia um só movimento. Eu, conquanto não tirasse os olhos do mestre, sentia no ar a curiosidade e o pavor de todos.

— Então o senhor recebe dinheiro para ensinar as lições aos outros? disse-me o Policarpo.

— Eu...

— Dê cá a moeda que este seu colega lhe deu! clamou.

Não obedeci logo, mas não pude negar nada. Continuei a tremer muito. Policarpo bradou de novo que lhe desse a moeda, e eu não resisti mais, meti a mão no bolso, vagarosamente, saquei-a e entreguei-lha. Ele examinou-a de um e outro lado, bufando de raiva; depois estendeu o braço e atirou-a à rua. E então disse-nos uma porção de cousas duras, que tanto o filho como eu acabávamos de praticar uma ação feia, indigna, baixa, uma vilania, e para emenda e exemplo íamos ser castigados.

Aqui pegou da palmatória.

— Perdão, *seu* mestre... solucei eu.

— Não há perdão! Dê cá a mão! Dê cá! Vamos! Sem-vergonha! Dê cá a mão!

— Mas, *seu* mestre...

— Olhe que é pior!

Estendi-lhe a mão direita, depois a esquerda, e fui recebendo os bolos uns por cima dos outros, até completar doze, que me deixaram as palmas vermelhas e inchadas. Chegou a vez do filho, e foi a mesma cousa; não lhe poupou nada, dois, quatro, oito, doze bolos. Acabou, pregou-nos outro sermão. Chamou-nos sem-vergonhas, desaforados, e jurou que se repetíssemos o negócio apanharíamos tal castigo que nos havia de lembrar para todo o sempre. E exclamava: Porcalhões! tratantes! faltos de brio!

    Eu, por mim, tinha a cara no chão. Não ousava fitar ninguém, sentia todos os olhos em nós. Recolhi-me ao banco, soluçando, fustigado pelos impropérios do mestre. Na sala arquejava o terror; posso dizer que naquele dia ninguém faria igual negócio. Creio que o próprio Curvelo enfiara de medo. Não olhei logo para ele, cá dentro de mim jurava quebrar-lhe a cara, na rua, logo que saíssemos, tão certo como três e dous serem cinco.

    Daí a algum tempo olhei para ele; ele também olhava para mim, mas desviou a cara, e penso que empalideceu. Compôs-se e entrou a ler em voz alta; estava com medo. Começou a variar de atitude, agitando-se à toa, coçando os joelhos, o nariz. Pode ser até que se arrependesse de nos ter denunciado; e na verdade, por que denunciar-nos? Em que é que lhe tirávamos alguma cousa?

    "Tu me pagas! tão duro como osso!" dizia eu comigo.

    Veio a hora de sair, e saímos; ele foi adiante, apressado, e eu não queria brigar ali mesmo, na Rua do Costa, perto do colégio; havia de ser na Rua larga São Joaquim. Quando, porém, cheguei à esquina, já o não vi; provavelmente escondera-se em algum corredor ou loja; entrei numa botica, espiei em outras casas, perguntei por ele a algumas pessoas, ninguém me deu notícia. De tarde faltou à escola.

    Em casa não contei nada, é claro; mas para explicar as mãos inchadas, menti a minha mãe, disse-lhe que não tinha sabido a lição. Dormi nessa noite, mandando ao diabo os dous meninos, tanto o da denúncia como o da moeda. E sonhei com a moeda; sonhei que, ao tornar à escola, no dia seguinte, dera com ela na rua, e a apanhara, sem medo nem escrúpulos...

De manhã, acordei cedo. A ideia de ir procurar a moeda fez-me vestir depressa. O dia estava esplêndido, um dia de maio, sol magnífico, ar brando, sem contar as calças novas que minha mãe me deu, por sinal que eram amarelas. Tudo isso, e a pratinha... Saí de casa, como se fosse trepar ao trono de Jerusalém. Piquei o passo para que ninguém chegasse antes de mim à escola; ainda assim não andei tão depressa que amarrotasse as calças. Não, que elas eram bonitas! Mirava-as, fugia aos encontros, ao lixo da rua...

Na rua encontrei uma companhia do batalhão de fuzileiros, tambor à frente, rufando. Não podia ouvir isto quieto. Os soldados vinham batendo o pé rápido, igual, direita, esquerda, ao som do rufo; vinham, passaram por mim, e foram andando. Eu senti uma comichão nos pés, e tive ímpeto de ir atrás deles. Já lhes disse: o dia estava lindo, e depois o tambor... Olhei para um e outro lado; afinal, não sei como foi, entrei a marchar também ao som do rufo, creio que cantarolando alguma cousa: *Rato na casaca...* Não fui à escola, acompanhei os fuzileiros, depois enfiei pela Saúde, e acabei a manhã na Praia da Gamboa. Voltei para casa com as calças enxovalhadas, sem pratinha no bolso nem ressentimento na alma. E contudo a pratinha era bonita e foram eles, Raimundo e Curvelo, que me deram o primeiro conhecimento, um da corrupção, outro da delação; mas o diabo do tambor... ∎

Luiz Vilela

Nasceu em Ituiutaba, Minas Gerais, em 31 de dezembro de 1942. Formou-se em Filosofia, em Belo Horizonte, e foi jornalista em São Paulo. Viveu algum tempo nos Estados Unidos e na Espanha, mas atualmente mora em sua cidade natal. Começou a escrever aos 13 anos, aos 24 estreou na literatura brasileira, com o livro de contos *Tremor de Terra*, e com ele ganhou o Prêmio Nacional de Ficção. Vilela ganhou também o Prêmio Jabuti de melhor livro de contos do ano, com *O fim de tudo*. Já foi adaptado para o teatro, o cinema e a televisão e traduzido para várias línguas. Publicou até agora 14 livros, todos de ficção, sendo o mais recente o romance *Perdição*.

O professor de inglês

Chegou atrasado à primeira aula. A porta estava encostada, e ele empurrou-a. Ao entrar, não vendo nenhuma carteira vazia, pegou a que estava em frente à porta e arrastou-a para junto das outras.

— Muito bem — disse o professor: — então eu pus essa carteira aí foi para você sentar?

A classe riu, e ele enrubesceu.

— Você não viu que eu a pus aí foi para encostar a porta?

Ficou ali em pé, procurando com os olhos aflitos uma carteira, todas aquelas caras fixas nele.

— Como é? — disse o professor. — Estou esperando; você vai sentar ou não vai?

— Não há carteira — balbuciou.

— Pois então senta nessa aí, moço! — gritou o professor, e a sala pareceu encolher-se. — Você já chegou atrasado, já interrompeu minha aula, e agora vai ficar aí de pé, atrapalhando, até quando?

Ele sentou-se.

O professor passou os olhos, desconfiados, pela classe. Continuou a ler, em voz alta.

Ele perguntou ao colega de trás o número da página; abriu o livro e acompanhou a leitura com os outros. Seu coração ainda batia depressa, sua cabeça estava zonza, ele acompanhava com dificuldade.

O professor terminou de ler. Tirou os óculos, de aros de tartaruga. Abriu a pasta, em cima da mesa. Era um sujeito pequeno, com alguns cabelos ralos na cabeça e uma cara de rato. Devia ter uns quarenta anos. Enquanto mexia na pasta, olhava de momento a momento para a classe, com a testa franzida e um ar desconfiado. Não se ouvia o menor ruído na sala.

Tirou a caderneta de chamada e fechou a pasta, afastando-a para um lado. Tornou a pôr os óculos. Abriu a caderneta. Correu os olhos pela página, de cima a baixo, e depois de baixo a cima.

— Número três — disse.

Um aluno se levantou e foi à frente, levando o livro.

"E o meu número?", ele pensou, aterrado. Era o primeiro dia que ia à aula, e não podia nem imaginar qual o seu número de chamada.

— Vamos lá — disse o professor.

O rapaz começou a ler.

— Mais alto — disse o professor.

O rapaz aumentou a voz, continuando a ler.

— Mais alto, eu já disse — insistiu o professor.

O rapaz interrompeu a leitura e olhou sem graça para os colegas.

— Estou esperando — disse o professor.

O rapaz continuou a ler.

— Você não tomou café hoje, não, moço? — gritou o professor.

A classe riu, mas foi um riso brusco; logo todo o mundo estava de novo em silêncio, enquanto o professor se demorava a olhar para o rapaz, que, de cabeça baixa e o livro já fechado, esperava.

— Vai sentar, vai — encerrou o professor.

Tirou do paletó a caneta, destampou-a com lentidão, e escreveu na caderneta.

— Ganha dois — disse, sem erguer os olhos.

Percorreu outra vez a lista de chamada. Toda a classe em silêncio.

— Número vinte.

Uma menina caminhou para a frente. Começou a ler no trecho em que o rapaz havia parado.

O professor acompanhava em seu livro. De repente parou de acompanhar e ficou olhando para a menina. A menina, concentrada no livro, ia lendo. Quando chegou a um parágrafo novo, parou e olhou para o professor.

— Onde você fez o ginásio? — o professor perguntou.
— No interior?

— É, sim, senhor — a menina respondeu, com timidez.

— Está se vendo — disse o professor.

Voltou-se para a caderneta e, sem olhar para a menina:

— Pode ir; ganha um.

A classe em silêncio de novo. Alguém se mexeu inquieto numa carteira.

— Cinco; número cinco.

Ninguém se levantou.

— Número cinco! — repetiu forte o professor, olhando para a classe.

— Número cinco não será você?... — o colega de trás sussurrou.

— Eu?... — sua voz quase sumiu.

O professor voltara à caderneta:

— Número cinco: Carlos. Não está?

Ele se levantou.

— Você outra vez, rapaz?

A classe riu.

— Há uma semana que começaram as aulas, e você até hoje não sabe o seu número?

— É o primeiro dia que ele vem, professor — o colega de trás explicou.

— Ninguém está te perguntando nada — disse o professor.

— Estou dizendo porque...

— Ninguém está te perguntando nada — disse mais forte o professor, e o rapaz se calou.

Ele foi à frente. Abriu o livro e começou a ler.

— Chegue-se mais para frente — disse o professor.

Deu alguns passos. Recomeçou a ler. Suas mãos tremiam, suas pernas tremiam, sua voz tremia.

— Vire-se para os seus colegas — interrompeu o professor; — você não está lendo só para mim.

Virou-se com dificuldade, as pernas duras, todo ele tremendo. Ao continuar a leitura, sua voz se engasgou, ele ficou indo e vindo pela página, simulando haver perdido a sequência.

— Estou esperando — disse o professor.

Leu mais algumas palavras.

— Mais depressa, moço, mais depressa; desse jeito, tartaruga te atropela.

A classe riu. O professor passeou os olhos, satisfeito.

Ele leu mais um pouco, e de novo parou: era impossível.

— Escuta, moço — disse o professor, olhando para ele: — você não prepara as lições, você não vem às aulas; aqui, na lista de chamada, você não tem nenhuma presença. Como é? Desse jeito, você já está na bomba.

Ele ficou em silêncio, incapaz de dizer que estivera doente aqueles dias, incapaz de dizer uma palavra que fosse, paralisado ali, na frente da classe.

— Vai — disse o professor, — vai sentar.
Pegou a caneta:
— Ganha um.
Tornou a percorrer os nomes na caderneta.
— Número sete.
Mais três alunos foram arguidos. Quando o último começou a ler, a sirene tocou. O aluno parou e olhou para o professor: o professor não se mexeu. O aluno continuou. Lá fora, o barulho no corredor.
— Professor, o sinal já tocou — alguém observou, do fundo da sala.
— Eu ouvi muito bem, moço, eu não sou surdo; eu ouvi muito bem. Não tem importância nenhuma o sinal ter tocado.
Voltou-se para o que lia:
— Pode continuar.
No fim do parágrafo mandou o aluno ir sentar-se e deu a nota.
— Vão deixando de estudar — disse, — vão deixando de estudar... No fim do ano está todo o mundo na bomba. Do jeito que vai, está todo o mundo na bomba.
Marcou uma lição nova para a próxima aula. Fechou o livro e guardou-o na pasta. Depois guardou a caderneta. Enfiou a caneta no bolso interno do paletó. Toda a classe estava em silêncio, olhando para ele. Guardou os óculos. Olhou desconfiado para a classe. Levantou-se, colocou a pasta debaixo do braço, e desceu do tablado.
— Até logo — disse.
Mal saiu, a classe se transformou: gritos, gente pulando, batucando nas carteiras, bolinhas e aviõezinhos de papel cortando o ar.
Ele tomou um café na cantina, depois saiu para o pátio. Lá, por acaso, encontrou o colega.

— Obrigado pelo que você fez — disse.

— Eu?... — o colega espantou-se; depois lembrou e fez um gesto vago com a cabeça.

— Você foi camarada.

— Não fiz nada de mais, eu só falei. Se ainda tivesse adiantado alguma coisa... Quanto mesmo que ele te deu?

— Um — disse, olhando envergonhado para o chão.

— Pois é — disse o colega.

Iam andando devagar pelo campo de futebol, vazio àquela hora. A manhã estava fresca. Longe, por sobre o muro do colégio, alguns prédios da cidade apareciam, muito brancos contra o céu azul. Ele pensou em sua casa e em sua cidade, que estavam longe dali; teve vontade de chorar.

— Você é de onde? — perguntou o colega.

Ele disse.

— Sua família mora lá?

— É.

— Foi lá que você fez o ginásio?

— É.

O colega ficou em silêncio.

— E você?...

— Eu sou daqui mesmo.

— Ainda não sei o seu nome...

— Newton; mas me chamam aí é de Baiano.

— Baiano?...

— Pois é — disse o colega; — não tem explicação; cismaram de me chamar de Baiano, e agora só me chamam assim. Você entende uma coisa dessas? Eu tenho cara de baiano?...

Voltou-se para ele. Ele riu.

— Não tenho cara nenhuma de baiano, essa é que é a verdade. Mas cismaram.

Ele riu.

— Você já estudou aqui antes? — perguntou.
— O ano passado. Eu tomei bomba.
— Com o Godofredo?
— Não; com o Godofredo até que eu fiz uma prova boa. Foi em francês.
— Ele é sempre assim, Newton?
— Pode me chamar de Baiano mesmo, só me chamam assim.
— Tá...
— O que você perguntou?
— Ele é sempre assim?
— Godofredo?
— É.
— Você diz feito hoje?
— É.
Baiano sacudiu a cabeça:
— Sempre...
Ele sentiu um aperto na barriga.
— Mas a gente se acostuma — acrescentou Baiano.
— Eu nunca me acostumarei com isso.
— Você vai ver — disse Baiano.
Tinham parado. Baiano pegou o maço de cigarros no bolso da camisa e ofereceu-lhe; ele agradeceu. Baiano tirou um, pôs na boca e acendeu-o.
— E nas provas? — ele continuou perguntando. — Como que o Godofredo é?
— Provas?
— Nas provas mensais.
— Não — disse Baiano, — ele não dá prova, não: é só arguição.
— Só arguição?...
— Toda aula tem arguição.

— Toda aula?... — ele sentiu outro aperto na barriga.

— A nota mensal é a média das notas das arguições; toda aula ele faz arguição.

Ficou sentindo como se estivesse de novo lá na frente e tudo aquilo acontecendo de novo.

— É assim — explicou Baiano: — se você ganha nota ruim, ele te chama outra vez: para melhorar a nota, como ele diz. Mas se você tem nota boa, ele te chama outra vez também: para ver se você mantém a nota, como ele diz. Ele sempre te chama outra vez, não tem jeito de escapar. O jeito então, você pode pensar, é matar aula; mas acontece que quem não tem nenhuma falta ganha mais um ponto, e ninguém quer perder esse ponto assim à toa. Uma falta, uma falta só, e o sujeito já não ganha mais o ponto.

Baiano deu uma risadinha:

— É... Bobo a gente não pode dizer que o Godofredo é, não; ele é até muito sabido...

— E você se acostumou com isso?

— A gente se acostuma, você vai ver; eu também, no começo, pensava assim.

Ficaram um momento em silêncio.

— Godofredo é um neurótico — ele disse. — Godofredo devia estar num hospital.

— É — concordou Baiano; — neurótico ele é mesmo.

— Nunca tentaram tirá-lo daqui?

— Tirar? Quem vai ter peito para isso?

— Podiam pelo menos reclamar.

— Reclamar? À diretoria? Você acha que eles se importariam? Eles já sabem que ele é assim, faz tempo que o Godofredo dá aula aqui, no colégio. Aqui, o sujeito dando aula e o aluno pagando, eles estão pouco ligando para o resto. E depois, também, o Godofredo é competente, ele entende mesmo de inglês; por que eles vão se preocupar com o resto?...

A sirene tocou no alto-falante, colocado acima da porta que dava para o pátio. Alunos começaram a surgir de vários cantos, caminhando para o prédio.

Os dois também foram voltando.

— Acho tudo isso horrível — ele disse.

— É — disse Baiano; — mas um dia você ainda vai achar graça disso, você vai ver.

— Eu nunca vou achar graça disso, tenho certeza.

— Você vai ver — disse Baiano.

— Eu nunca vou achar graça disso, nem vou esquecer. Eu nunca vou esquecer disso. ∎

Affonso Romano de Sant'Anna

Nasceu em Belo Horizonte, em 1937. Jornalista, professor, cronista, poeta e ensaísta, tem mais de 40 livros publicados, além de participar de dezenas de antologias em prosa e poesia, no Brasil e no exterior. Seu primeiro ensaio, *O desemprego da poesia*, é publicado em 1962, ano em que foi diplomado em Letras. Três anos depois vem a público o seu primeiro livro de poemas, *Canto e palavra*. Nesse gênero, publicou outros títulos, entre eles *Que país é este?* e *Melhores poemas de Affonso Romano de Sant'Anna*. Trabalhou em alguns dos principais jornais e revistas do Brasil e escreve atualmente para os jornais *Estado de Minas* e *Correio Braziliense*. *Drummond, o gauche no tempo*, sua tese de doutorado, virou livro nos anos 1990, recebendo os prêmios nacionais Mário de Andrade, Fundação Cultural do Distrito Federal e União Brasileira de Escritores. De 1990 a 1996, foi presidente da Biblioteca Nacional, quando criou o Sistema Nacional de Bibliotecas e o Programa de Promoção da Leitura (Proler). Da Associação Paulista de Críticos de Arte (APCA), recebeu um prêmio pelo conjunto da obra. "Porta de colégio", crônica publicada nesta antologia, integra livro homônimo editado pela Ática, em 1995. Neste gênero, tem mais de dez títulos publicados, entre eles *Mistérios gozosos*, Prêmio União Brasileira de Escritores.

Porta de colégio

Passando pela porta de um colégio, me veio uma sensação nítida de que aquilo era a porta da própria vida. Banal, direis. Mas a sensação era tocante. Por isto, parei, como se precisasse ver melhor o que via e previa.

Primeiro há uma diferença de clima entre aquele bando de adolescentes espalhados pela calçada, sentados sobre carros, em torno de carrocinhas de doces e refrigerantes, e aqueles que transitam pela rua. Não é só o uniforme. Não é só a idade. É toda uma atmosfera, como se estivessem ainda dentro de uma redoma ou aquário, numa bolha, resguardados do mundo. Talvez não estejam. Vários já sofreram a pancada da separação dos pais. Aprenderam que a vida é também um exercício de separação. Um ou outro já transou droga, e com isto deve ter se sentido (equivocadamente) muito adulto. Mas há uma sensação de pureza angelical misturada com palpitação sexual, que se exibe nos gestos sedutores dos adolescentes. Ouvem-se gritos e risos cruzando a rua. Aqui e ali um casal de colegiais, abraçados, completamente dedicados ao beijo. Beijar em público: um dos ritos de quem assume o corpo e a idade. Treino para beijar o namorado na frente dos pais e da vida, como que diz: também tenho desejos, veja como sei deslizar carícias.

Onde estarão esses meninos e meninas dentro de dez ou vinte anos?

Aquele ali, moreno, de cabelos longos corridos, que parece gostar de esportes, vai se interessar pela informática ou economia; aquela de cabelos loiros e crespos vai ser dona de butique; aquela morena de cabelos lisos quer ser médica; a gorduchinha vai acabar casando com um gerente de multinacional; aquela esguia, meio bailarina, achará um diplomata. Algumas estudarão Letras, se casarão, largarão tudo e passarão parte do dia levando filhos à praia e praça e pegando-os de novo à tardinha no colégio. Sim, aquela quer ser professora de ginástica. Mas nem todos têm certeza sobre o que serão. Na hora do vestibular resolvem. Têm tempo.

É isso. Têm tempo. Estão na porta da vida e podem brincar.

Aquela menina morena magrinha, com aparelho nos dentes, ainda vai engordar e ouvir muito elogio às suas pernas. Aquela de rabo de cavalo, dentro de dez anos se apaixonará por um homem casado. Não saberá exatamente como tudo começou. De repente, percebeu que o estava esperando no lugar onde passava na praia. E o dia em que foi com ele ao motel pela primeira vez ficará vivo na memória.

É desagradável, mas aquele ali dará um desfalque na empresa em que será gerente. O outro irá fazer doutorado no exterior, se casará com estrangeira, descasará, deixará lá um filho — remorso constante. Às vezes lhe mandará passagens para passar o Natal com a família brasileira.

A turma já perdeu um colega num desastre de carro. É terrível, mas provavelmente um outro ficará pelas rodovias. Aquele vai tocar rock vários anos até arranjar um emprego em repartição pública. O homossexualismo despontará mais tarde naquele outro, espantosamente, logo nele que é já um don juan. Tão desinibido aquele, acabará líder comunitário e talvez político. Daqui a dez anos os outros dirão: ele sempre teve jeito, não lembra aquela mania de reunião e diretório? Aquelas duas ali se escolherão madrinhas de seus filhos e morarão no mesmo bairro, uma casada com engenheiro da Petrobras e outra com um físico nuclear. Um dia, uma dirá à outra no telefone: tenho uma coisa para lhe contar: arranjei um amante. Aconteceu. Assim, de repente. E o mais curioso é que continuo a gostar do meu marido.

Se fosse haver alguma ditadura no futuro, aquele ali seria guerrilheiro. Mas esta hipótese deve ser descartada.

Quem estará naquele avião acidentado? Quem construirá uma linda mansão e um dia convidará a todos da turma para uma grande festa rememorativa? Ah, o primeiro aborto! Aquele ali descobrirá os textos de Clarice Lispector e isto será uma iluminação para toda a vida. Quantos aparecerão na primeira página do jornal? Qual será o tranquilo comerciante e quem representará o país na ONU?

Estou olhando aquele bando de adolescentes com evidente ternura. Pudesse passava a mão nos seus cabelos e contava-lhes as últimas estórias da carochinha antes que o lobo feroz assaltasse na esquina. Pudesse lhes diria daqui: aproveitem enquanto estão no aquário e na redoma, enquanto estão na porta da vida e do colégio. O destino também passa por aí. E a gente pode às vezes modificá-lo. ∎

Adriano Macedo

Jornalista e escritor, foi editor do jornal *Gazeta Mercantil* de 1996 a 2002, no qual publicou resenhas, artigos e perfis literários no suplemento "Fim de Semana" e no caderno "Minas Gerais" (seção Nascentes Literárias). Autor do livro de contos *O retrato da dama* (Autêntica, 2008) e organizador da antologia *Coletivo 21* (Autêntica, 2011), tem textos publicados nos sites *Tanto*, *Releituras* e *Tiro de Letra*, na revista eletrônica portuguesa *Triplov*, no *Suplemento Literário de Minas Gerais* e na coletânea de minicontos *Pitanga* (Lisboa, Portugal). De 2004 a 2005 morou em Paris, onde desenvolveu a pesquisa "Trilhas literárias". Foi também produtor executivo e curador de eventos literários em Minas Gerais. Idealizador e coordenador do grupo de escritores Coletivo 21 (www.coletivo21.com.br).

A prova de matemática

Acordou sobressaltada, o quarto na penumbra. Levantou-se, correu a cortina e abriu a janela. Faltava pouco para escurecer. Andou apressada pela casa, não encontrou ninguém. Olhou o relógio sobre a geladeira e apavorou-se. Eram dez para as cinco da tarde. Perdera a prova de matemática. Bateu a mão na testa. Ajoelhou-se involuntariamente diante da geladeira e cobriu as mãos com o rosto. "Meu Deus do céu, e agora?". Depois de tanto esforço, estava à beira de morrer na praia. Logo a prova especial, última chance para se recuperar. Sem ela, repetiria o ano. Estudara a semana inteira com muito custo. Decidiu tirar um cochilo após o almoço e agora, um futuro desesperador: uma bomba a caminho. Andou de um lado para o outro da casa, aflita. Sentiu uma vontade louca de fazer xixi e correu para o banheiro.

Não poderia ligar para o pai. Receberia uma bronca na certa. Para a mãe, nem pensar. Justo ela, que a advertira para não dormir. E que sempre pegou no seu pé para estudar matemática. Voltou à cozinha para beber água. Tinha ido à aula pela manhã, não podia inventar que adoecera. "Que que eu vou fazer?". Ao voltar para o quarto, a manga do uniforme prendeu no trinco da porta. Ouviu um rasgo. Não segurou o choro. Enraivecida, tirou a blusa e terminou de rasgá-la. Jogou o uniforme no chão da sala. Encerado, o piso a fez escorregar para debaixo do aparador.

    A escola ficava a poucas quadras de casa. Chegaria em poucos minutos, mas não daria tempo para mais nada. A prova terminaria às cinco horas.

    O desespero aumentou e lembrou-se do escadão. Na habitual caminhada para chegar ao colégio, descia por ele. O escadão dava para a igreja, a um quarteirão da escola. O caminho era ladeado por um lote vago e o muro de uma fábrica de batata palha. A vizinhança costumava descer por ali. No meio da descida, uma clareira servia de ponto de encontro, vez ou outra, para os adolescentes do bairro de reputação duvidosa, pichadores e maconheiros.

    A mãe orientava a filha a descer pela avenida. Juliana não queria nem saber. O escadão encurtava o caminho. Adorava sentir o cheiro de batata. E conhecia o grupinho que se reunia ali. Um dos garotos estudava no mesmo colégio. Naquele momento, Juliana se lembrou de que, na semana anterior, circulou pela escola a estória do homem barbudo e coxo que andava pelo bairro e costumava molestar as meninas no escadão. Não deu ouvido para nada daquilo. Achava que era "invencionice" dos pais para as meninas não se aproximarem dos meninos. "Mas quem sabe se...". Correu para o telefone.

    — Zenaide? Ô Zenaide, é Juliana, da sexta B... É que eu perdi a prova especial de matemática, será que posso fazer outro dia?

    — A prova especial?

    — É.

    — Uai, minha filha, se perdeu a prova especial, não tem jeito...

    — Pelo amor de Deus Zenaide, não faz isso comigo!

    — Tá todo mundo fazendo a prova... Por que só você vai ter o privilégio de...

— Mas Zenaide, é que...
— ... fazer a prova outro dia?
— Não foi culpa minha.
— Sinto muito minha filha...
— Eu não consegui sair de casa... Na verdade, eu cheguei a sair, mas tive que voltar...
— Mas não acho justo com seus colegas...
— Zenaide! — gritou Juliana... Eu fui molestada.
Silêncio do outro lado da linha.
— Molestada? Quê que você tá dizendo, minha filha?
— É ... quer dizer, quase que eu fui... mas eu fugi.
— Fugiu de quem, santo Deus?
— Não sei, tava descendo o escadão quando eu vi um homem de barba subindo na minha direção...
— Minha Nossa Senhora! Você se machucou?
— Não... Mas eu fiquei apavorada, voltei correndo... E ele me seguiu.
— E onde você tá agora, minha filha?
— Em casa... tentei sair de novo, mas ele ainda tava na rua...
— Tá sozinha?
— Tou. Papai e mamãe tão no trabalho e a Júlia tá no inglês.
— Você tem que avisar os seus pais.
— Não, não... não precisa. Agora eu tô segura...
— Tem que chamar a polícia.
— Polícia?
— Claro, menina... isso é muito sério... Você viu se ele puxava uma das pernas?
— É... acho que puxava... sei lá... não vi direito. Tava com tanto medo, Zenaide!
— Eu vou telefonar pra polícia... E você, trata de trancar tudo e ficar quieta...
— Mas Zenaide... Zenaide...

A diretora desligou o telefone. Juliana ficou desnorteada. "Por que que a Zenaide inventou de chamar a polícia, meu Deus?" Tentou ligar de volta para a escola, não queria polícia. Afinal, estava bem, não tinha acontecido nada de sério. Aliás, pensou, "não aconteceu nada". O telefone estava ocupado. Quando colocou o fone no gancho, o aparelho tocou.

— Juliana?

— Oi mãe.

— Quê que aconteceu, minha filha?

— Nada mãe... É que não consegui fazer a prova...

— É, eu sei, a Zenaide me contou... Eu não te avisei, Juliana? O escadão é muito perigoso. Mas não dá ouvidos ao que sua mãe fala, acha que sabe tudo...

— Mas mãe...

— Não tem "mas" nem "mãe"... Eu tô saindo do trabalho e já vou pra casa... Sua irmã já chegou?

— Ainda não.

— Só me faltava essa agora. E se esse homem ainda estiver na rua, Juliana? Tô correndo praí.

— Mas mãe, mãe!

"Agora me ferrei." O telefone não parou de tocar. A notícia correu a escola e a vizinhança. A mãe chegou em casa pouco antes da polícia.

— Ocorrência, mãe? Pra que que serve isso?

Quanto mais a estória se espalhava e as pessoas telefonavam, mais inquieta ficava. Quando a polícia chegou, Juliana começou a tremer. Repetiu tudo. "A ocorrência vai ajudar a polícia na investigação", explicara a mãe. Um tremor interno ficou à beira do incontrolável. As pernas e os braços se movimentavam involuntariamente. Era a primeira vez que a polícia ia ao bairro para investigar o tal do homem coxo e barbado, tão conhecido na vizinhança, mas que ninguém tinha visto até então. Juliana começou a chorar sem parar. A mãe buscou um copo d'água para a filha que, a muito custo, terminou a estória, com frases desconexas.

— Pode ir pro quarto minha filha.

A mãe levantou-se de novo, foi buscar água para o policial. Na volta, avistou a ponta de uma peça de roupa sob o aparador e a recolheu. Cismada, olhou para o policial, que reparara no rasgado. O homem sugeriu à mulher levar a filha para um exame de corpo de delito.

— O senhor acha que...?

— Minha senhora, sua filha está muito abalada. Em casos como esse, a vítima costuma proteger o seu algoz... por medo e vergonha. Eu sei que essas situações são sempre constrangedoras, mas só o exame poderá dizer.

A mulher foi direto para o quarto da filha com a blusa nas mãos. Sentou-se na cama, ao lado de Juliana.

— Minha filha, você vai precisar fazer uns exames, mas não se preocupa que eu vou estar do seu lado.

Depois que a mãe explicou tudo, Juliana desesperou-se uma vez mais e voltou a chorar. Ela só queria fazer a prova especial de matemática. ∎

Branca Maria de Paula

Escritora, fotógrafa e roteirista, nasceu em Aimorés (MG). Recebeu vários prêmios por sua obra, tendo publicado 14 livros de literatura infantojuvenil. Alguns deles levam o selo "Altamente Recomendável" da FNLIJ (Fundação Nacional de Literatura Infantojuvenil) e fazem parte do *Brazilian Book Magazine*, publicação que representa o Brasil em feiras internacionais. De 1983 a 1989, trabalhou com Murilo Rubião na Imprensa Oficial, onde foi repórter fotográfica, e também atuou na redação do *Suplemento Literário do Minas Gerais*. Em 1993, foi bolsista da Biblioteca Internacional da Juventude, em Munique. *Truques coloridos* é Prêmio Jabuti 1987 de Melhor Produção Editorial, e *Um fio de camelo* recebeu o III Prêmio Henriqueta Lisboa, 1989. *Pacífico, o gato* — com ilustrações do renomado artista plástico Aldemir Martins — foi adaptado para vídeo no programa Livros Animados da TV Futura e ficou entre os finalistas ao Prêmio Jabuti de 1999. É autora do roteiro *Amor barroco*, longa-metragem de ficção.

Pisando leve

Entraram as duas no banheiro.
— Será que a freira viu? — perguntou Ângela.
— Se viu, azar! — respondeu Bia.
— E se ela fizer a gente abrir a porta?
— A gente engole, ué. Papel faz bem para saúde.
— Chi, parece que ela viu, tá escutando o terço? Vem vindo.
Ficaram em silêncio, encostadas no ladrilho frio. Estavam de sapato preto tipo mocassim, meias curtas, e a roupa de todo dia: vestido azul e branco listado fino, gola e punhos de fustão branco — o riscadinho.
Ouviram a voz da freira ralhando com alguém.
— Desta nós escapamos — cochichou Bia.
— Hum, tá um cheiro esquisito aqui — reclamou Ângela.
A outra franziu o nariz e experimentou o ar. Fungou, olhando o ralo do banheiro.
— É xixi. Tem gente porca pra danar, dá até raiva.
Foi quando ouviram a sineta do almoço. Logo depois, a vigilante bateu na porta chamando. Elas se entreolharam.
— Tô indo, irmã — arriscou-se Ângela.
Ficaram encolhidas até os passos se afastarem.
— Depressa, abre a carta! — continuou ela.

Bia abriu a carta, afobada. A cinza deslizou pelo vinco do papel e desapareceu no chão úmido.

— Cuidado, não deixa cair!

Bia levou a carta ao nariz e cheirou fundo. Ângela passou o braço em volta do pescoço dela e começaram a ler:

Querida Bia, sinceramente foi difícil achar você no meio de tantas meninas vestidas iguais, embora eu te ache inconfundível. Ontem, quando vocês estavam passeando na praça, tentei contar quantas eram, mas infelizmente não deu tempo. Mais de cinquenta, não é? E que freira chata aquela, não deu folga um minuto. Quando é que você sai para o fim de semana? Tenho muitas, muitas coisas pra lhe falar. Qualquer dia desses, o Luís, o Renato e eu vamos fazer uma surpresa pra vocês, uma serenata, com as músicas de sempre. Mas o que eu mais queria te falar é que gosto demais de você e mesmo que eu viva muitos anos e fique velho, bem velhinho, não vou nunca te esquecer, nem vou amar ninguém como amo você. Um beijo do Nando.

PS: Responda depressa e peça à Lúcia pra me entregar. Ela é gente boa pra caramba!

— Ela mesma quem trouxe, né? — perguntou Ângela.

— Foi. Nela eu confio. Mas aquela tal de Penha, Deus me livre. Sabe o que ela fez com a Patrícia? Roubou o namorado dela, sem quê nem pra quê.

— Sacanagem, hein?

— Pois é. Vão bora?

— Sai na frente, então.

Ouviram o barulho das cadeiras sendo arrastadas e ouviram o ruído dos pratos e talheres. Bia saiu do banheiro ressabiada, passou pelo corredor que dava para a cozinha e se esgueirou pela porta dos fundos. Quando chegou, a vigilante estava acabando de dizer a senha: Louvado Seja Nosso Senhor Jesus Cristo!

Para sempre seja louvado, gritaram as internas. Começaram todas a conversar ao mesmo tempo e as travessas foram passadas de mão em mão. Bia pegou o guardanapo marcado com o número noventa e seis e abriu no colo. Serviu-se então de arroz, rodelas de tomate e olhou, desconsolada, a travessa de carne moída. Detestava carne moída. Passou o feijão adiante sem nem mesmo considerar a possibilidade de experimentar. Tinha um cheiro estranho. Punham remédio, diziam, para baixar o facho das mais assanhadas. Bia ficou pensativa por uns momentos. Depois levantou e foi até o armário onde eram guardadas as coisas que recebiam de casa. Pegou o que era seu e voltou. Abriu a lata de farinha e revirou com o garfo, na esperança de achar pelo menos um pedacinho de linguiça frita, lá no fundo. Mas tinha acabado mesmo. Sacudiu a lata de leite condensado. Estava pela metade. Ela, assim como as outras, costumavam fazer um furo na lata e chupar cada dia um pouco. Ou punham no prato e misturavam chocolate, comendo às colheradas. Bia suspirou e tornou a se levantar. Chamou Ângela e foram juntas procurar Ir. Piedade. Desde que haviam chegado ao colégio, quatro anos atrás, a irmã trabalhava na cozinha. Tinha xodó com as duas, que vira crescer.

— Piedade, arranja um bifinho pra gente — falaram em coro.

Ela estava de costas, no meio da fumaceira. Virou-se depressa quando ouviu as vozes:

— Ah, já vêm as duas...

Seu rosto era suave e pálido. Pálido e submisso. Ir. Piedade chegou perto e fez um leve afago na cabeça das meninas.

— É a última vez, tá bem?

Elas se entreolharam. Estava sempre dizendo isto. Que era a última vez. Pegou dois bifes magrinhos e pôs na chapa para corar.

— Cumé que será que ela dá conta, hein? Olha o tamanho das panelas — observou Ângela.

— É, tá tão magrinha, tadinha. Sabe que tenho até medo dela morrer?

— Ah, bobagem. Vai durar muito tempo ainda. Freira num morre fácil não.

Depois do almoço, foram para o pátio interno. A turma da queimada logo se juntou. Maria do Amparo, responsável pelas balas, desceu com o tabuleiro. Quem tinha dinheiro fez uma roda em volta dela. As outras se espalharam: passeavam de lá pra cá, faziam roda, se estiravam nos bancos, pinçavam as sobrancelhas, pintavam os cabelos, faziam as unhas. A vigilante andava de um lado para outro rodando o terço na mão esquálida.

Bia e Ângela compraram bombom Serenata de Amor e sentaram-se num canto:

— Olha bem a Telma. Se ela continuar parada daquele jeito vai criar raiz — ironizou Ângela.

— É, e o namorado dela vai ficar zarolho de tanto pelejar com aquele binóculo que ele ganhou — concluiu Bia.

Exatamente no meio do pátio, encostada no flamboaiã, estava Telma com um lenço branco na mão. Quando a freira virava as costas, ela levantava a mão e acenava. Do outro lado, no morro em frente, ficava o internato masculino, a matriz, e uma parte da cidade que seguia a rua torta. O namorado pendurava-se na janela e ficava dando adeus, de olho no binóculo, sempre à mesma hora.

— Cês num sabem da maior — Elza chegou falando.

— O quê? — perguntaram juntas.

— Pegaram a Vera lendo um livro proibido — disse Elza com ar triunfante.

— Ah, não diga! — exclamou Bia.

— Que livro? — quis saber Ângela, os olhos brilhando de curiosidade.

— *A carne*, já leram?

— Ouvi falar, mas ainda não li — disse Ângela.

— Também não. Que será que tem no livro pra ser proibido? — perguntou Bia.

— Sei lá, é tudo proibido aqui. Uma chatice. Aliás, a Vera foi proibida de comungar enquanto não confessar — arrematou Elza.

— Quem será que emprestou o livro pra ela? — quis saber Ângela.

— Alguém do externato, deve ser — concluiu Elza.

Neste momento, a vigilante tocou a sineta. As internas formaram fila e subiram em silêncio. Ângela continuou cochichando até a irmã anotar o nome dela na caderneta.

— Acho melhor calar a boca, senão a gente perde a saída.

Se cometessem mais de vinte faltas durante a semana, ficavam presas no domingo. Por isso entraram bem caladinhas para o salão de estudos. Bia levantou a tampa da carteira e organizou os objetos. Depois tirou o livro de história e abriu numa página qualquer. Arrancou algumas folhas do bloco de cartas, colocou dentro do caderno e escreveu:

Manhumirim, 3 de setembro de 1961
Querido Nando, acabo de

Mas teve de interromper, pois a vigilante vinha andando justamente em direção a ela. Bia despistou e virou a página do caderno. A irmã chegou perto e disse:

— Carta para você. É da sua mãe.

Estava aberta, como sempre. Toda a correspondência era censurada. Não sei pra que ler carta da mãe da gente, Bia resmungou enquanto a freira se afastava. Foi quando um aviãozinho de papel caiu-lhe no colo. Na asa estava escrito: *vamos para a sala de ciências terminar o trabalho?*

Só se for agora! — escreveu ela do outro lado. E mandou o aviãozinho de volta.

Estavam fazendo uns cartazes onde colaram flores secas e todos os tipos de folha que conseguiram encontrar. Iam completar com desenhos e escrever as definições e as classificações necessárias.

Levantaram-se ao mesmo tempo e se dirigiram à vigilante, que cochilava:

— Vocês têm ordem? — ela quis saber.

— Temos, sim, a disciplinária deixou.

Saíram as duas pisando leve. Quando dobraram o corredor, dispararam numa corrida. De tempos em tempos, endureciam as pernas e freavam, patinando pelo chão encerado de vermelho. Pareciam ter asas nos pés.

Maria Garcia, encarregada da sala, estava limpando a biblioteca. Elas entraram alvoroçadas. Maria parou e se encostou na parede, o queixo apoiado no cabo da vassoura.

— Pensei que cês não viessem mais — disse, a voz sumida.

— Ih, olha a boba. Quem disse que a gente vinha? — perguntou Ângela.

— Um passarinho me contou.

— Ah, claro, entendi tudo — disse Bia.

Bia deixou as duas conversando e se aproximou das estantes. Levou a mão e passou nos livros enfileirados: Machado de Assis, Oswald de Andrade, Cassiano Ricardo, Manuel Bandeira...

— Adoro cheiro de livro — falou alto.

— Eu adoro é esta biblioteca — declarou Maria. Aqui, pelo menos, ninguém enche o saco.

— É. Quando a gente lê a gente fica livre de tudo — falou Bia, pensativa.

— Por mim, eu vivia aqui — disse Ângela.

— Também não precisa exagerar, né? — retrucou Maria.

Maria Garcia era do orfanato, também fazia a quarta série, e estava cheia de cabelos brancos.

— Quantos anos será que ela tem? — cochichou Bia no ouvido de Ângela.

— Sei não. Uns vinte? — respondeu Ângela no mesmo tom.

Ajudaram Maria a fechar as janelas da biblioteca e foram para a sala de Ciências, que estava impecável.

— Viva! Cê já limpou aqui, dá pra ver — observou Ângela.

— É, vim mais cedo hoje. Acabei agorinha mesmo. Os cartazes estão ali embaixo — disse, apontando para a bancada de azulejo branco.

Curiosa, Bia foi até a janela para dar uma olhada geral antes de retomar o trabalho, pois a sala ficava no terceiro andar, quase no mesmo plano da matriz. Entre o internato masculino e o feminino, a cidade se esgueirava por subidas e descidas ardilosas. Via-se a estação ferroviária e um pequeno largo onde os ônibus, vindos de fora, deixavam os passageiros. Ao lado, o hotel.

Bia ficou observando o movimento, sem muito interesse, até perceber um fusquinha claro parar em frente ao colégio.

— Corre, Ângela, o Luís — gritou aflita.

Ângela veio correndo e se debruçou na janela. E então gritou alto e forte, de modo que o internato inteiro escutou:

— Aiii!!!

— Que que foi, criatura? — perguntou Bia, o coração dando cambalhotas mortais.

Mas Ângela não respondeu. Disparou pela sala sacudindo a mão, chorando e berrando:

— A culpa é sua, a culpa é sua, viu?

Bia e Maria se entreolhavam boquiabertas, sem nada entender. Até que mataram a charada. Ângela havia enfiado a mão no vaso de cacto que ficava na janela.

— Vamos procurar a Irmã Eugênia na enfermaria — propôs Bia, tão logo se recuperou do susto.

Arrastaram Ângela, que continuava o espalhafato.

— Jesus Maria José, que barulheira é essa? — perguntou Ir. Eugênia, parando de arrumar o armário de remédios.

— É o cacto da Irmã Celeste — respondeu Maria.

— E tudo por causa do Luís — resmungou Bia.

— Por conta de quem? — perguntou Ir. Eugênia, intrigada.

— Nada não irmã, depois eu explico — disse Bia.

Ir. Eugênia pegou uma pinça e começou a tirar fiapo por fiapo, com santa paciência. Maria se despediu e voltou para a biblioteca. Bia sentou numa das camas, pôs a mão no queixo e ficou olhando. Em determinado momento, disse:

— Tá igual porco espinho.

Ângela fez de conta que não tinha escutado. Bia prosseguiu:

— A gente devia escrever no cartaz: o cacto é a planta mais mal-humorada que existe.

— Grande ideia — falou Ângela, fungando. — Não pensei que cê fosse tão genial assim! Queria saber o que tá fazendo no internato, desperdiçando todo esse talento.

— Cuidando de você, minha filha, não desconfiou? — replicou Bia.

Ângela deu um muxoxo.

— Cruz-credo, cês tão que nem cão e gato — ralhou Ir. Eugênia.

Quando terminou o curativo, ela recomendou que, por favor, se comportassem. E saiu silenciosa, como sempre.

Ângela suspirou, olhando a mão enfaixada:

— Logo hoje — disse — que eu tava pensando em treinar *A noite do meu bem* no violão. Arranjei a letra com todas as posições...

— Então cê canta e eu toco, é a mesma coisa — falou Bia, a cara séria.

— Ah, é? Num falo que cê é uma gracinha?

Ir. Eugênia voltou com dois copos de vitamina de abacate. E trouxe também umas rosquinhas de coco. Ângela sentou na cama, animada.

— Hum, que delícia!

— Agora conta direitinho cumé que foi a história do cacto — pediu a freira.

As amigas se entreolharam por um instante e começaram a falar ao mesmo tempo. No final, Ir. Eugênia desabafou:

— Pai do Céu, em tempo de cair lá embaixo. Que falta de juízo, gente. Deixa a Ir. Celeste saber disso. Agora deita um pouquinho pra descansar, minha filha.

Bia sentou no pé da cama e puxou conversa com a colega:

— Cê já decorou o poema todo, aquele do Vinicius de Moraes?

— O *Pátria minha, tão pobrinha*?

— Não, aquele outro que fala: *No entanto, a tua presença é qualquer coisa como a luz e a vida / E eu sinto que em meu gesto existe o teu gesto e em minha voz a tua voz.*

— Ah, sei, claro! Decorei tudinho.

Ângela declamou *Ausência* do princípio ao fim, com voz pausada e grave: *Eu deixarei que morra em mim o desejo de amar os teus olhos que são doces...*

Enquanto isso, a irmã terminou de arranjar o armário. Perguntou, então:

— Cês já tinham tomado banho?

— Tinha nada, por quê? — manifestou-se Bia.
— Então perderam a hora. Agora só amanhã.
— Chiii, vai descer urubu — comentou a outra.
A sineta para o jantar surpreendeu as três.
— Mas já? — perguntou Ângela.
— Num tô com fome nenhuma — disse Bia.
— Pudera! — falou Ir. Eugênia.

Chegaram atrasadas. Como as internas tinham feito zum-zum-zum na entrada do refeitório, a vigilante não deu o Louvado e tiveram de comer em silêncio. Quando desceram para o recreio, já estava escuro. As colegas rodearam Ângela para saber o que tinha acontecido e a história foi contada e recontada em tom teatral. As meninas mostraram-se especialmente interessada no Luís e quase não sobra tempo para tocar *A noite do meu bem*. Voltaram para a sala de estudos e Bia respondeu a carta do Nando, marcando um encontro para breve, dentro de duas semanas, talvez. De todo jeito, tinha se comportado bem nos últimos dias e a saída de domingo estava garantida. Podiam se ver na praça, outra vez. E quem sabe até conversar. Se encontrasse o Luís, podia dizer que a Ângela estava interessada em se corresponder com ele. Hoje, inclusive, tinha acontecido um fato que depois ela contaria pessoalmente. Finalizava com um beijo e embaixo assinava apenas B.F.

Dobrou a carta com cuidado, dentro colocando uma flor miúda, que havia secado entre as páginas do missal.

Às oito e trinta, no dormitório, faziam a última oração do dia e preparavam-se, em silêncio, para deitar. Minutos depois, as luzes estavam apagadas, a vigilante passeava no passo de sempre e grande parte das internas dormiam. Bia pensava em Nando. Quis comentar a carta com Ângela, mas a cama dela ficava longe. Além do mais, teria de esperar a freira ir pra cela, dormir. Desistiu e ficou sonhando acordada até cair num sono pesado.

Acabou sendo sacudida com força:

— Bia, acorda, cê tá escutando? — sussurrava Ângela.

Longe, bem longe, Bia escutou um violão. Sentou na cama de um pulo.

— Será o Nando? — perguntou baixinho.

— Deve ser. Vamos subir na janela?

Atravessaram o dormitório na ponta dos pés. O som do violão foi se aproximando devagar. Até que ouviram claramente a voz do Nando: *Hoje / eu quero a rosa mais linda que houver / quero a primeira estrela que vier / para enfeitar a noite do meu bem...*

— Eu não disse? — falou Ângela, triunfante.

— Vamos subir no criado? Dá pra ver lá embaixo — sugeriu Bia.

— Devagar, cuidado, esta menina é muito chata. Se acordar, vai fazer o maior escândalo.

Subiram com a máxima cautela. Encostados na murada, elas viram Nando, Luís e mais dois amigos. Muitas outras internas acordaram e também subiram nas camas e nos criados. Os rapazes terminaram a primeira música, viram os vultos brancos nas janelas e acenaram. Depois voltaram a cantar. Bia e Ângela desistiram da janela e se deitaram para escutar o resto da serenata. Algumas meninas faziam algazarra. Outras reclamavam e pediam silêncio. A freira acendeu, então, a luz da cela. Num passe de mágica, todas voltaram pra cama, fingindo dormir. Alguns versos ficaram vibrando no ar: *Se um dia você for embora / me leva contigo, Dindin...*

Bia sentiu o coração se apertar. Ainda mais quando cantaram *Adeus, amor, eu vou partir* — as vozes sumindo aos poucos. Ângela veio e se ajoelhou ao lado da cama:

— Que pena — disse —, tão indo embora.
— É — Bia suspirou.
— Que isto, tá chorando?
— Deixa pra lá. Eu sou uma boba mesmo.
— Então fala o que é.
— Nada. Pensei que vai acabar.
— Você e o Nando?
— Eu e o Nando, tudo. Um dia a gente vai embora.
— Ah, esquece, tá longe ainda. E depois, será que acaba mesmo?
— Sei lá. Acho que vou amanhecer *doente* amanhã.
— Menstruada de novo? Num vai colar, não, pode desistir.

Na manhã seguinte, ainda escuro, a vigilante tocou a sineta e foi de cama em cama sacudindo as preguiçosas. Todas as internas tinham de estar ajoelhadas ou sentadas para fazerem a primeira oração do dia. Bia acordou de má vontade. Aprontou-se, vagarosa, e seguiu com as outras para a capela. O internato inteiro saiu para comungar, menos Vera, o que provocou risinhos abafados e olhares maliciosos. Durante o café da manhã, o assunto principal foi a serenata. Do refeitório passaram para sala de estudo, pegaram os objetos e foram para o prédio ao lado. Quando as externas chegaram, Lúcia piscou para Bia e fez sinal que esperasse. No meio da aula de latim, passou-lhe um livro encapado. Dentro, um envelope com as iniciais B.F. Enquanto olhava com ar inocente o quadro-negro, Bia trocou as cartas, guardando a do Nando no bolso do riscadinho. Por várias vezes, tentou saber o que estava escrito, mas não conseguiu passar da primeira frase, que dizia: "Pode parecer uma tolice, meu amor, mas só consigo pensar em você de riscadinho".

Naquele negócio de abrir e fechar a carta, o coração galopava, a cara virava gelatina de morango e ela acabou desistindo.

Melhor esperar o final do último período e ler tudo de uma só vez, com calma.

Ficou atrás da Ângela na fila do almoço e cochichou:

— Daqui a pouco vou despistar e sair.

— É a carta do Nando?

— Hum, hum.

— Me espera, então.

Bia saiu de fininho. A vigilante distraiu um segundo e Ângela também escapou.

Entraram as duas no banheiro. ■

Raul Pompéia

Raul d'Ávila Pompéia nasceu em Angra dos Reis, em 1863, mas ainda menino mudou-se com a família para o Rio de Janeiro, onde estudou e construiu uma breve trajetória no mundo do jornalismo e da literatura. Aluno aplicado no internato do Colégio Abílio, dirigido pelo educador Abílio César Borges (o barão de Macaúbas), mostrou talento para o desenho e a caricatura. No ambiente escolar, descobriu também a inclinação para as letras, passando a redigir e ilustrar o jornalzinho *O Archote*. Aos 17 anos, publicou seu primeiro romance, *Uma tragédia no Amazonas*. Em 1881, matriculou-se na Faculdade de Direito de São Paulo. Na cidade, engajou-se nas campanhas abolicionista e republicana. Reprovado no terceiro ano da faculdade, concluiu o curso em Recife. Iniciou-se no jornalismo escrevendo crônicas, folhetins, poemas e contos, como *As joias da Cora*, novela satírica editada em folhetins na *Gazeta de Notícias*, e os poemas em prosa *Canções sem metro*, no *Jornal do Commercio*. Em 1888, publicou o romance *O Ateneu*, de cunho autobiográfico e que o consagrou como escritor. Do livro, extraímos o trecho a seguir. Morreu jovem, aos 32 anos, no Rio de Janeiro.

O Ateneu

Abriam-se as aulas a 15 de fevereiro.

De manhã, à hora regulamentar, compareci. O diretor, no escritório do estabelecimento, ocupava uma cadeira rotativa junto à mesa de trabalho. Sobre a mesa um grande livro abria-se em colunas maciças de escrituração e linhas encarnadas.

Aristarco, que consagrava as manhãs ao governo financeiro do colégio, conferia, analisava os assentamentos do guarda-livros. De momento a momento entravam alunos. Alguns acompanhados. A cada entrada, o diretor lentamente fechava o livro comercial, marcando a página com um alfanje de marfim; fazia girar a cadeira e soltava interjeições de acolhimento, oferecendo episcopalmente a mão peluda ao beijo contrito e filial dos meninos. Os maiores, em regra, recusavam-se à cerimônia e partiam com um simples aperto de mão.

O rapaz desaparecia, levando o sorriso pálido na face, saudoso da vadiação ditosa das férias. O pai, o correspondente, o portador, despedia-se, depois de banais cumprimentos, ou palavras a respeito do estudante, amenizadas pela gracinha da bonomia superior de Aristarco, que punha habilmente um sujeito fora de portas com o riso fanhoso e o simples modo impelido de segurar-lhe os dedos.

A cadeira girava de novo à posição primitiva; o livro da escrituração espalmava outra vez as páginas enormes; e a figura paternal do educador desmanchava-se, volvendo a simplificar-se na esperteza atenta e seca do gerente.

A este vaivém de atitudes, feição dupla de uma mesma individualidade e contingência comum dos sacerdócios, estava tão habituado o nosso diretor, que nenhum esforço lhe custava a manobra. O especulador e o levita ficavam-lhe dentro em camaradagem íntima, *bras dessus, bras dessous*.

Sabiam, sem prejuízo da oportunidade, aparecer por alternativa ou simultaneamente; eram como duas almas inconhas num só corpo.

Soldavam-se nele o educador e o empresário com uma perfeição rigorosa de acordo, dois lados da mesma medalha; opostos, mas justapostos.

Quando meu pai entrou comigo havia no semblante de Aristarco uma pontinha de aborrecimento.

Decepção talvez de estatística, o número dos estudantes novos não compensando o número dos perdidos, as novas entradas não contrabalançando as despesas do fim do ano... Mas a sombra de despeito apagou-se logo, como o resto de túnica que apenas tarda a sumir-se numa mutação à vista; e foi com uma explosão de contentamento que o diretor nos acolheu.

Sua diplomacia dividia-se por escaninhos numerados, segundo a categoria de recepção que queria dispensar. Ele tinha maneiras de todos os graus, segundo a condição social da pessoa. As simpatias verdadeiras eram raras. No âmago de cada sorriso morava-lhe um segredo de frieza que se percebia bem. E duramente se marcavam distinções políticas, distinções financeiras, distinções baseadas na crônica escolar do discípulo, baseadas na razão discreta das notas do guarda-livros. Às vezes, uma criança sentia a alfinetada no jeito da mão a beijar. Saía indagando consigo o motivo daquilo, que não achava em suas contas escolares... O pai estava dois trimestres atrasado.

Por diversas causas a minha recepção devia ser das melhores. Efetivamente; Aristarco levantou-se ao nosso encontro e nos conduziu à sala especial das visitas.

Saiu depois a mostrar o estabelecimento, as coleções em armários dos objetos próprios para facilitar o ensino. Eu via tudo curiosamente, sem perder os olhares dos colegas desconhecidos, que me fitavam muito ancho na dignidade do uniforme em folha. O edifício fora caiado e pintado durante as férias, como os navios que aproveitam o descanso nos portos para uma reforma de apresentação. Das paredes pendiam as cartas geográficas, que eu me comprazia de ver como um itinerário de grandes viagens planejadas. Havia estampas coloridas em molduras negras, assuntos de história santa e desenho grosseiro, ou exemplares zoológicos e botânicos, que me revelavam direções de aplicação estudiosa em que eu contava triunfar. Outros quadros vidraçados exibiam sonoramente regras morais e conselhos muito meus conhecidos de amor à verdade, aos pais, e temor de Deus, que estranhei como um código de redundância. Entre os quadros, muitos relativos ao Mestre – os mais numerosos; e se esforçavam todos por arvorar o mestre em entidade incorpórea, argamassada de pura essência de amor e suspiros cortantes de sacrifício, ensinando-me a didascalolatria que eu, de mim para mim, devotamente, jurava desempenhar à risca. Visitamos o refeitório, adornado de trabalhos a lápis dos alunos, a cozinha de azulejo, o grande pátio interno dos recreios, os dormitórios, a capela... De volta à sala de recepção, adjacente à da entrada lateral e fronteira ao escritório, fui apresentado ao Professor Mânlio da aula superior de primeiras letras, um homem aprumado, de barba toda grisalha e cerrada, pessoa excelente, desconfiando por sistema de todos os meninos.

Durante o tempo da visita, não falou Aristarco senão das suas lutas, suores que lhe custavam a mocidade e que não eram justamente apreciados. "Um trabalho insano! Moderar, animar, corrigir esta massa de caracteres, onde começa a ferver o fermento das inclinações; encontrar e encaminhar a natureza na época dos violentos ímpetos; amordaçar excessivos ardores; retemperar o ânimo dos que se dão por vencidos precocemente; espreitar, adivinhar os temperamentos; prevenir a corrupção; desiludir as aparências sedutoras do mal; aproveitar os alvoroços do sangue para os nobres ensinamentos; prevenir a depravação dos inocentes; espiar os sítios obscuros; fiscalizar as amizades; desconfiar das hipocrisias; ser amoroso, ser violento, ser firme; triunfar dos sentimentos de compaixão para ser correto; proceder com segurança, para depois duvidar; punir para pedir perdão depois... Um labor ingrato, titânico, que extenua a alma, que nos deixa acabrunhados ao anoitecer de hoje, para recomeçar com o dia de amanhã... Ah! meus amigos, concluiu ofegante, não é o espírito que me custa, não é o estudo dos rapazes a minha preocupação... É o caráter! Não é a preguiça o inimigo, é a imoralidade!" Aristarco tinha para esta palavra uma entonação especial, comprimida e terrível, que nunca mais esquece quem a ouviu dos seus lábios. "A imoralidade!" E recuava tragicamente, crispando as mãos. "Ah! mas eu sou tremendo quando esta desgraça nos escandaliza. Não! Estejam tranquilos os pais! No Ateneu, a imoralidade não existe! Velo pela candura das crianças, como se fossem, não digo meus filhos: minhas próprias filhas! O Ateneu é um colégio moralizado! E eu aviso muito a tempo... Eu tenho um código..." Neste ponto o diretor levantou-se de salto e mostrou um grande quadro à parede. "Aqui está o nosso código. Leiam! Todas as culpas são prevenidas, uma pena para cada hipótese: o caso da imoralidade não está lá. O parricídio não figurava na lei grega. Aqui não está a imoralidade. Se a desgraça ocorre, a justiça é o meu terror e a lei é o meu arbítrio! Briguem depois os senhores pais!..."

Afianço-lhes que o meu tremeu por mim. Eu, encolhido, fazia em superlativo a metáfora sabida das varas verdes. Notando a minha perturbação, o diretor desvaneceu-se em afagos. "Mas para os rapazes dignos eu sou um pai!... os maus eu conheço: não são as crianças, principalmente como você, o prazer da família, e que há de ser, estou certo, uma das glórias do Ateneu. Deixem estar..."

Eu tomei a sério a profecia e fiquei mais calmo.

Quando meu pai saiu, vieram-me lágrimas, que eu tolhi a tempo de ser forte. Subi ao salão azul, dormitório dos médios, onde estava a minha cama, mudei de roupa, levei a farda ao número 54 do depósito geral, meu número. Não tive coragem de afrontar o recreio. Via de longe os colegas, poucos àquela hora, passeando em grupos, conversando amigavelmente, sem animação, impressionados ainda pelas recordações de casa; hesitava em ir ter com eles, embaraçado da estreia das calças longas, como um exagero cômico, e da sensação de nudez à nuca, que o corte recente dos cabelos desabrigara em escândalo. João Numa, inspetor ou bedel, baixote, barrigudo, de óculos escuros, movendo-se com vivacidade de bácoro alegre, veio achar-me indeciso, à escada do pátio.

"Não desce, a brincar?" perguntou bondosamente. "Vamos, desça, vá com os outros." O amável bácoro tomou-me pela mão e descemos juntos.

O inspetor deixou-me entre dois rapazinhos, que me trataram com simpatia.

Às onze horas, a sineta deu o sinal das aulas. Os meus bons companheiros, de classes atrasadas, indicaram a sala de ensino superior de primeiras letras, que devia ser a minha, e se despediram.

O Professor Mânlio, a quem eu fora recomendado, recomendou-me por sua vez ao mais sério dos seus discípulos, o honrado Rabelo. Rabelo era o mais velho e tinha óculos escuros como João Numa. O vidro curvo dos óculos cobria-lhe os olhos rigorosamente, monopolizando a atenção no interesse único da mesa do professor. Como se fosse pouco, o zeloso estudante fazia concha com as mãos às têmporas, para impedir o contrabando evasivo de algum olhar escapado ao monopólio do vidro.

Este luxo de aplicação não provinha do simples empenho de fazer atitude de exemplar. Rabelo sofria da vista, tanto que muito tarde pudera entregar-se aos estudos. Recebeu-me com um sorriso benévolo de avô; afastou-se um pouco para me dar lugar e esqueceu-me incontinenti, para afundar-se na devoradora atenção que era o seu apanágio.

Os companheiros de classe eram cerca de vinte; uma variedade de tipos que me divertia. O Gualtério, miúdo, redondo de costas, cabelos revoltos, motilidade brusca e caretas de símio — palhaço dos outros, como dizia o professor; o Nascimento, o bicanca, alongado por um modelo geral de pelicano, nariz esbelto, curvo e largo como uma foice; o Álvares, moreno, cenho carregado, cabeleira espessa e intonsa de vate de taverna, violento e estúpido, que Mânlio atormentava, designando para o mister das plataformas de bonde, com a chapa numerada dos recebedores, mais leve de carregar que a responsabilidade dos estudos; o Almeidinha, claro, translúcido, rosto de menina, faces de um rosa doentio, que se levantava para ir à pedra com um vagar lânguido de convalescente; o

Maurílio, nervoso, insofrido, fortíssimo em tabuada: cinco vezes três, vezes dois, noves fora, vezes sete?... Lá estava Maurílio, trêmulo, sacudindo no ar o dedinho esperto... olhos fúlgidos no rosto moreno, marcado por uma pinta na testa; o Negrão, de ventas acesas, lábios inquietos, fisionomia agreste de cabra, canhoto e anguloso, incapaz de ficar sentado três minutos, sempre à mesa do professor e sempre enxotado, debulhando um risinho de pouca-vergonha, fazendo agrados ao mestre, chamando-lhe bonzinho, aventurando a todo ensejo uma tentativa de abraço que Mânlio repelia, precavido de confianças; Batista Carlos, raça de bugre, valido, de má cara, coçando-se muito, como se incomodasse a roupa no corpo, alheio às coisas da aula, como se não tivesse nada com aquilo, espreitando apenas o professor para aproveitar as distrações e ferir a orelha aos vizinhos com uma seta de papel dobrado. Às vezes a seta do bugre ricochetava até à mesa de Mânlio. Sensação; suspendiam-se os trabalhos; rigoroso inquérito. Em vão, que os partistas temiam-no e ele era matreiro e sonso para disfarçar.

Dignos de nota havia ainda o Cruz, tímido, enfiado, sempre de orelha em pé, olhar covarde de quem foi criado a pancadas, aferrado aos livros, forte em doutrina cristã, fácil como um despertador para desfechar as lições de cor, perro como uma cravelha para ceder uma ideia por conta própria; o Sanches, finalmente, grande, um pouco mais moço que o venerando Rabelo, primeiro da classe, muito inteligente, vencido apenas por Maurílio na especialidade dos noves fora vezes tanto, cuidadoso dos exercícios, êmulo do Cruz na doutrina, sem competidor na análise, no desenho linear, na cosmografia.

O resto, uma cambadinha indistinta, adormentados nos últimos bancos, confundidos na sombra preguiçosa do fundo da sala. ∎

Marcos Rey

Pseudônimo de Edmundo Donato, Marcos Rey nasceu em São Paulo em 1925, cidade cenário de várias de suas obras e onde desenvolveu sua carreira de escritor e roteirista. Nos anos 1970, foi redator de programas de televisão, adaptando clássicos da literatura como *A moreninha*. Integrou ainda a equipe de redação do Sítio do Picapau Amarelo. Publicou mais de 50 livros entre romances, contos, novelas e ensaios. Dedicou-se principalmente às obras voltadas para o público infantojuvenil, gênero em que estreou com *Não era uma vez* (1980). Nesse gênero, publicou outras 20 obras, entre elas os romances juvenis *O mistério do Cinco Estrelas* (1981), *Enigma na televisão* (1986) e *Diário de Raquel* (2004). Também escreveu crônicas, contos e romances para adultos, entre os quais *Um gato no triângulo* (1953), *O enterro da cafetina* (1967) e *O último mamífero do Martinelli* (1995). Estes dois últimos venceram o Prêmio Jabuti. Alguns dos seus textos foram adaptados para o cinema e a televisão, como *Memórias de um gigolô* e *O enterro da cafetina*. Na década de 1990, tornou-se colunista da revista *Veja*, em São Paulo. Morreu em abril de 1999. "O coração roubado", aqui selecionado, integrou antologia de crônicas do autor, em 1996.

O coração roubado

Eu cursava o último ano do primário e como já estava com o diplominha garantido, meu pai me deu um presente muito cobiçado: *Coração*, famoso livro do escritor italiano Edmondo de Amicis, best-seller mundial do gênero infantojuvenil. Na página de abertura lá estava a dedicatória do velho, com sua inconfundível letra esparramada. Como todos os garotos da época, apaixonei-me por aquela obra-prima e tanto que a levava ao grupo escolar da Barra Funda para reler trechos no recreio.

Justamente no último dia de aula, o das despedidas, depois da festinha de formatura, voltei para a classe a fim de reunir meus cadernos e objetos escolares, antes do adeus. Mas onde estava o *Coração*? Onde? Desaparecera. Tremendo choque. Algum colega na certa o furtara. Não teria coragem de aparecer em casa sem ele. Ia informar à diretoria quando, passando pelas carteiras, vi a lombada do livro, bem escondido sob uma pasta escolar. Mas... era lá que se sentava o Plínio, não era? Plínio, o primeiro da classe em aplicação e comportamento, o exemplo para todos nós. Inclusive o mais limpinho, o mais bem penteadinho, o mais tudo. Confesso, hesitei. Desmascarar um ídolo? Podia ser até que não acreditassem em mim. Muitos invejavam o Plínio. Peguei o exemplar e o guardei em minha pasta. Caladão. Sem revelar a ninguém o acontecido. Lembro do abraço que Plínio me deu à saída. Parecia segurando as lágrimas. Balbuciou algumas palavras emocionadas. Mal pude retribuir, meus braços se recusavam a apertar o cínico.

Chegando em casa minha mãe estranhou que eu não estivesse muito feliz. Já preocupado com o ginásio? Não, eu amargava em minha primeira decepção. Afinal, Plínio era um colega que devíamos imitar pela vida afora, como costumava dizer a professora. Seria mais difícil sobreviver sem o seu exemplo. Por outro lado, considerava se não errara em não delatá-lo. "Vocês estão todos enganados, e a senhora também, sobre o caráter do Plínio. Ele roubou meu livro. E depois ainda foi me abraçar..."

Curioso, a decepção prolongou-se ao livro de Amicis, verdadeira vitrina de qualidades morais dos alunos de uma classe de escola primária. A história de um ano letivo coroado de belos gestos. Quem sabe o autor não conhecesse a fundo seus próprios personagens. Um ingênuo como a nossa professora. Esqueci-o.

Passados muitos anos reconheci o retrato de Plínio num jornal. Advogado, fazia rápida carreira na Justiça. Recebia cumprimentos. Brrr. Magistrado de futuro o tal que furtara meu presente de fim de ano! Que toldara muito cedo alguém se referisse a ele, o que passou a acontecer, eu garantia que se tratava de um ladrão. Se roubava já no curso primário, imaginem agora... Sempre que o rumo de uma conversa levava às grandes decepções, aos enganos de falsas amizades, eu contava, a quem quisesse ouvir, o episódio do embusteiro do Grupo Escolar Conselheiro Antônio Prado, em breve desembargador ou secretário da Justiça.

— Não piche assim o homem — advertiu-me minha mulher.

— Por que não? É um ladrão!
— Mas quando pegou seu livro era criança.
— O menino é o pai do homem — rebatia, vigorosamente.

Plínio fixara-se como um marco para mim. Toda vez que o procedimento de alguém me surpreendia, a face oculta de uma pessoa era revelada, lembrava-me irremediavelmente dele. Limpinho. Penteadinho. E com a mão de gato se apoderando de meu livro.

Certa vez tomara a sua defesa:

— Plínio, um ladrão? Calúnia! Retire-se da minha presença!

Quando o desembargador Plínio já estava aposentado mudei-me para meu endereço atual. Durante a mudança alguns livros despencaram de uma estante improvisada. Um deles, *Coração*, de Amicis. Saudades. Havia quantos anos não o abria? Quarenta ou mais? Lembrei da dedicatória de meu falecido pai. Ele tinha boa letra. Procurei-a na página de rosto. Não a encontrei. Teria a tinta se apagado? Na página seguinte havia uma dedicatória. Mas não reconheci a caligrafia paterna.

"Ao meu querido filho Plínio, com todo amor e carinho de seu pai." ∎

Lourenço Diaféria

Jornalista e escritor, Lourenço Carlos Diaféria (1933-2008) nasceu e morreu em São Paulo. Iniciou a carreira como jornalista em 1956, na *Folha da Manhã* (atual *Folha de S.Paulo*). Sua primeira crônica foi publicada, no entanto, um pouco mais tarde, em 1964. Permaneceu no jornal até 1977, quando foi preso pelo regime militar por ter escrito a crônica "Herói. Morto. Nós.", considerada ofensiva às Forças Armadas. Foi inocentado dois anos depois. Leva suas crônicas para o *Jornal da Tarde*, o *Diário Popular* e o *Diário do Grande ABC*, além da Rede Globo e quatro emissoras de rádio. Publicou vários livros, entre eles *Um gato na terra do tamborim* (1976), *Circo dos cavalões* (1978), *A morte sem colete* (1983), *O empinador de estrela* (1984), *A longa busca da comodidade* (1988), *O invisível cavalo voador: falas contemporâneas* (1990), *O imitador de gato* (2000) e *Brás: sotaques e desmemórias* (2002). "Cesta lírica", crônica aqui publicada, foi extraída do livro *Papéis íntimos de um ex-boy assumido* (1994).

Cesta lírica

Não se pode querer que uma cidade grande seja igual a um navio, onde os passageiros vivem se encontrando o tempo todo ao tombadilho ou na beira da piscina.

Uma cidade grande é feita de desencontros.

Numa cidade grande é natural que determinadas pessoas que um dia conhecemos, e que até participaram de momentos importantes de nossa existência, de repente desapareçam, nunca mais sejam vistas, e isso sem o menor aviso, sem deixarem o mais leve rastro. Entretanto, apesar disso, não me conformo com o destino singular que teve nossa turma do colégio.

Éramos uma boa turma. Unida, cordial, amável. Nosso colégio era respeitado, tinha reputação de ser um colégio difícil. Alguns da turma eram cabeças brilhantes, dessas que parecem talhadas para um futuro glorioso. No entanto, alguns meses, pouco tempo depois da formatura, quando nos abraçamos afetuosamente e cantamos músicas indecentes para avacalhar a solenidade, todos mergulharam nas brumas do mais pardacento anonimato. Ninguém alcançou o menor sinal de fama ou notoriedade em coisa alguma. Pior que isso, separamo-nos irremediavelmente. Estudamos nas mesmas classes, padecemos as mesmas sabatinas, tomamos os mesmos porres, recebemos o canudo na mesma festa de formatura, dançamos com as mesmas meninas que estreavam cílios postiços, e, no entanto, deu no que deu: cada um enveredou por seu caminho particular na floresta da cidade e desapareceu da vista dos demais companheiros.

A gente pode dar o desconto de que um ou outro se mudou de estado, de país, de planeta, mas que diabo, não custa avisar, mandar uma carta, um telegrama, um fax, dar um telefonema, deixar um recado na secretária eletrônica. Em vez disso, puf! Sumiram todos no ar como bolhas de sabão. Nem mesmo aquelas reuniões típicas de confraternização no fim do ano, ou a cada cinco anos, que a maioria das turmas de formados promove, nem isso a nossa turma se lembrou de organizar. Perdemos o contato. Cortamos os laços de amizade com a lâmina de aço da indiferença.

Também nunca tivemos aquelas notícias que, ao envolver um ou outro membro do grupo, conferem a sensação de realização e êxito a todos os demais ex-colegas. Nunca ninguém de nós pôde dizer, por exemplo, para a família, para os amigos, para os sócios, uma frase retemperadora como *O ministro Fulano, que acaba de assumir, foi meu colega de turma.* Nem pensar. Da nossa turma, ninguém se elegeu nada, ninguém recebeu medalha de patriota ou de comendador, ninguém foi convidado para o cargo de vice-presidente de futebol de nenhum clube, ainda que amador ou da terceira divisão.

Tornaram-se todos criaturas comuns.

Um foi ser nefrologista, outro, instrutor de paraquedismo, consta que dois dos nossos se enfiaram num garimpo no Pará, e pelo menos um, o Artêmio, ainda pode ser visto atrás de um balcão de reconhecimento de firmas num cartório de notas. Mas ele mesmo, Artêmio, está irreconhecível. O Vilson — o único Vilson com V que conhecemos e que sempre criava caso com a grafia do nome dele no livro de chamada do colégio —

se aposentou na Carteira de Câmbio do BB. Nem sei se isso é futuro digno de um rapaz que tirava as melhores notas de Física num colégio exigente como aquele nosso.

É claro que não estou querendo dizer que a minha turma do colégio fracassou, pelo amor de Deus, não é isso. Todos sobrevivem com dignidade e respeito. Não houve nenhum caso de estelionato, de concussão, de fraqueza da carne, nada disso. Apenas é lamentável que nenhum da nossa turma do colégio tenha atingido os cornos da glória, aparecido num programa da Hebe, do Jô, sido consultado sobre assuntos importantes das finanças, da economia, da política, ou mesmo sobre algum assunto sem nenhuma importância. Com tanta gente famosa neste mundo, por que nossa turma do colégio foi discriminada?

O curioso é que, como toda regra tem exceção, o *Bombarda*, que fez parte da nossa turma do colégio durante apenas dois anos, antes de ser expulso do estabelecimento, é o único que volta e meia telefona, manda bilhete, dá notícias. O apelido de *Bombarda* ele conquistou com méritos na noite em que, para se vingar dos bedéis que insistiam em vigiar os portões do colégio para evitar fuga e gazeta dos alunos, colocou um artefato caseiro junto de uma coluna do edifício, ao lado das latrinas masculinas, provocando ruidosa explosão que atirou para os ares vidros, papel higiênico e lascas de cerâmica sanitária. Embora o susto tenha sido bem maior que os estragos, *Bombarda*, mesmo alegando vagos princípios de legítima defesa, recebeu a mais drástica das punições e foi banido do nosso convívio. Ele não pareceu infeliz. E teve uma frase de despedida de que nunca me esqueci. *Um dia vocês ainda vão ouvir falar de mim.*

De fato, tal aconteceu pela primeira vez quando conceituado suplemento literário de Minas Gerais publicou uma nota enaltecendo um projeto cultural de divulgação da poesia entre o povo, graças à feliz iniciativa do dono de uma pequena cadeia de supermercados da Zona da Mata. O nome do empresário me surpreendeu, era o próprio *Bombarda* às voltas com as musas.

Interessante que o *Bombarda* assumiu o apelido, colocando-o entre seus dois nomes verdadeiros. Eu sabia que ele andava por Minas, ganhando dinheiro, mas não mexendo com poesia. Até porque poesia não dá dinheiro. Mas pelo jeito *Bombarda* tinha redescoberto a pólvora (sem qualquer alusão a seu passado no colégio), unindo o útil ao lírico, fazendo publicar trovas, sonetos e poemas épicos de sua autoria em pacotes de fubá, farinha de rosca, feijão mulatinho, quirera para pintos e outros produtos que ele próprio empacotava para venda ao consumidor. E isso sem nenhum acréscimo no preço das mercadorias.

A princípio os fregueses dos supermercados mal se deram conta da notável contribuição em prol da cultura, mas aos poucos foram percebendo a qualidade dos versos do *Bombarda* e reconhecendo nele um poeta de méritos. Os críticos literários que frequentavam o supermercado, também. As pessoas começaram a escolher feijão, arroz, farinha de milho não somente pelo tipo ou qualidade, mas também pelos versinhos da embalagem. Era comum a troca de pacotes entre os fregueses, posto que *Bombarda* tinha o cuidado de variar os temas, incluindo versos fesceninos entre poemas de louvor à virtude, à honestidade e aos bons costumes.

O resultado da iniciativa não se fez esperar: *Bombarda* passou a ser convidado para participar de júris e concursos de poesia em várias cidades do país, o que lhe permitiu ampliar sua rede de abastecimento com a abertura de novos mercadinhos, aos quais dá nomes bastante sugestivos, como

Empório Safo, Mercado Euterpe, Supermercado Odisseia, e assim por diante.

Embora *Bombarda* não tenha conseguido chegar ao fim da linha na turma do nosso colégio, é indiscutível que foi naquele estabelecimento de tijolos aparentes, vetusto e de sóbria arquitetura que recebeu a inspiração e os fluidos que lhe permitissem hoje ser uma pessoa de sucesso e um poeta bastante sensível, além de comerciante próspero e sólido atacadista de gêneros de primeira necessidade.

Eu me orgulho dele.

Até porque é uma pessoa de coração boníssimo: raro é o mês em que não recebo dele, em primeira mão, um pacote de charque, uma caixa de marmelada, saquinhos de milho para pipoca, em cuja embalagem ele lança suas novas edições poéticas. Para mim essa gentileza tem um sabor especial: os versos vêm com autógrafo do autor e o frete pago. ∎

Francisco de Morais Mendes

Escritor e jornalista, nasceu em Belo Horizonte. Integra o grupo de escritores Coletivo 21. Publicou os livros de contos *Escreva, querida* (Mazza, 1996), *A razão selvagem* (Ciência do Acidente, 2003) e *Onde terminam os dias* (7 Letras, 2011), do qual faz parte o conto *A luta do ano*. Participou das antologias *Coletivo 21* (Autêntica, 2011) e *Os cem menores contos brasileiros do século* (Ateliê Editorial, 2004). Foi cronista e resenhista de livros dos jornais *Correio Braziliense* e *O Tempo*. Publicou contos no *Suplemento Literário de Minas Gerais*, no jornal *Rascunho*, de Curitiba, na revista eletrônica *Paralelos*, nos ônibus de BH (projeto A Tela e o Texto), na revista *Lado 7*, do Rio de Janeiro, e nos sites do *Letras e Ponto!* e do *Coletivo 21*. Tem sete prêmios literários, entre eles o Cidade de Belo Horizonte e o Minas de Cultura, recebidos por seu primeiro livro, em 1993, e o 1º lugar do Concurso de Contos Luiz Vilela, da Fundação de Cultura de Ituiutaba. *A razão selvagem* foi semifinalista do Prêmio Portugal Telecom, em 2003.

A luta do ano

Não sabíamos quando, mas iria explodir em violência a crescente tensão na sala, com as turmas de amigos formadas no final do primeiro mês de aula.

De um lado, Almir: alto, magro, louro, falastrão, lutava caratê, mas não tinha como mostrar a ninguém. Então soltava golpes contra a porta, a parede e o quadro. Era o líder de uma turma.

Do outro lado, Raimundo: pouco mais baixo que Almir, negro, tímido, caladão, com braços e peito de musculatura firme e ressaltada. Bom no gol e ótimo na linha. Raimundo não era líder, nem muito enturmado; convivia bem com uns, não falava com outros.

Sentavam-se na mesma linha de carteiras, separados por três filas.

Ninguém saberia dizer como tinha começado, ou se o tamanho dos dois indicava desde o início que não podiam estar juntos num mesmo lugar. Quando Almir falava, e era sempre uma bobagem, como todos nós falávamos, a primeira pessoa para quem olhava era Raimundo. A resposta era um sorrisinho que alimentava a raiva estampada no olhar de Almir, porque não trocavam palavra.

Mas havia Samuel. Suas piadas ferinas colocavam sempre Raimundo e Almir em linha de confronto. Como nenhum deles desse um tranco em Samuel para ele parar, era sinal de que gostavam da provocação, aprovavam a temperatura subindo, e por isso sabíamos: era apenas uma questão de tempo. Imaginávamos em abril um deles se envolvendo a qualquer hora com uma garota em quem o outro estivesse interessado. Talvez fosse esse o estopim. Não foi.

Maio chegou com a certeza do enfrentamento dos gigantes, era inevitável; antecipávamos uma luta tão violenta que era capaz de alguém morrer. Um murro de Raimundo poderia partir em dois o queixo e ao mesmo tempo abrir a cabeça de Almir; um golpe de Almir poderia quebrar a espinha de Raimundo.

Era o assunto preferido no recreio, longe deles, claro, e haviam mesmo acontecido duas ou três brigas entre partidários de um e de outro, mas sem importância, brigas de fracotes; não chegavam a ser nem mesmo um rascunho da luta mais esperada do ano.

Junho trouxe um frio terrível, com os alunos encolhidos pelos cantos de um colégio gelado. Nem Samuel tinha ânimo para contar piadas. Mas o incêndio recomeçou quando Bernarda, a professora de Português, passou a ensinar o período composto.

— Porém a virgem lançou de si o arco e a uiraçaba, e correu para o guerreiro, sentida da mágoa que causara. Almir, analise a oração "que causara".

— Professora, eu não terminei de ler "Iracema", como vou saber?

A sala, acompanhada de Raimundo, caiu na gargalhada.

Bernarda esperou a algazarra terminar e anunciou: Almir não chegava a ser burro, vivia num estágio anterior.

Não era, sabíamos, a humilhação que o incomodava. E ele reagiu:

— A senhora gosta de me perseguir — disse, levantando-se junto com o tom de voz.

Bernarda chegou bem perto, sua cabeça não alcançava o ombro de Almir, e disse para ele sentar e pedir desculpas. E, se ele quisesse, ela o esperava lá fora.

Ninguém tinha visto uma mulher falar assim, e a segunda gargalhada de Raimundo ficou ecoando pela sala. Um olhar de Bernarda calou o eco.

O ar voltara a ficar cheio de eletricidade, dava para tirar a blusa de frio, e seguíamos os dois na saída do colégio. Na saída, víamos os dias indo embora, e as férias chegaram.

Nos primeiros dias da volta às aulas, nada de Raimundo. Não era um fato incomum, alunos trocavam de escola, mudavam de cidade. Mas sem Raimundo, a escola perdia completamente a graça.

Valia como consolo a primeira semana ser embalada pela onda de discos voadores. Um lavrador de Goiás mostrou na televisão a cicatriz na coxa provocada pela arma fumegante de um extraterrestre que queria colocá-lo à força na nave, pousada no pasto da fazenda. Era a sensação. A tevê mostrava no pasto um círculo de terra com capim queimado nas beiradas.

Raimundo apareceu na segunda-feira, atrasado, como acontecia às vezes, mas ninguém prestou atenção nele. Estávamos vidrados em Samuel, ele ousara pedir à professora de Ciências um tempo da aula para dar um recado à turma.

Samuel calou-se com a chegada do colega, esperou Raimundo sentar e continuou. Esse era o encontro entre Marte e Escorpião esperado desde a morte de Cristo. Alguns astrônomos chegaram a anunciá-lo na Idade Média, mas sem as ferramentas adequadas. O encontro ia ocorrer no começo de setembro, e o mundo ia acabar. O mundo, repetiu, ia simplesmente acabar, acabar, fim de linha, fim de tudo.

O mundo ia acabar no dia três de setembro.

A fala de Samuel, ainda mais na aula de Ciências, era muito científica para não acreditarmos, e muito inacreditável para não rirmos, e todos riam, de nervoso ou de descrença, mas ele não parou aí.

— Para quem está rindo, vou dizer mais — prosseguiu.

A onda de discos voadores no Brasil era um sinal, os extraterrestres vinham recolher quem merecia ser salvo da grande catástrofe. Recolhiam também plantas e animais. Mas isso eram sinais, apenas sinais.

— Sinais do que está neste livro. A verdade está nas escrituras.

Abriu uma Bíblia cheia de marcadores de papel e leu trechos, com voz teatral. Fechou o livro, dizendo entredentes: os ímpios não serão salvos. Repetiu, quase soletrando, para fixarmos bem as palavras.

Então Samuel soltou a bomba que circulou pela sala estapeando um a um: estava deixando a escola. Não havia sentido em continuar frequentando aulas; aquele era seu último dia. E prosseguiu, com uma entonação de pastor:

— Vou ficar hoje na sala apenas para dar aos que creem nas minhas palavras, e apenas aos que creem, o endereço da nossa igreja. Durante o mês de agosto estaremos em vigília, esperando a Grande Hora.

Agradeceu à professora e voltou ao seu lugar, arrumou os objetos sobre a carteira e manteve-se cabisbaixo, resfolegando baixinho.

A professora se levantou e ficou batendo algum tempo com o nó dos dedos no quadro. Depois parecia reler o que havia escrito no quadro, os temas da lição do dia. Por fim, olhou para o teto e para nós e disse:

— Bem, como a encrenca é entre Escorpião e Marte, e portanto os peixes nada têm a ver com isso, vamos continuar a aula.

Dessa piada ninguém riu. Ela retomou do ponto onde havia parado:

— Fenômeno curioso é o da piramboia, um peixe da Amazônia. Pode morrer por falta de ar. Ou seja, num mundo cheio de coisas inacreditáveis, existe um peixe que pode morrer afogado.

Samuel não voltou à escola. Soubemos pelos bochichos que os professores estavam proibidos de tocar naquele assunto. Com dois ou três dias, começamos a fazer piada das ameaças, bastava uma bobagem ser dita e o autor era chamado de ímpio. Mas os jornais estavam noticiando o fim do mundo, a televisão mostrou justamente a vigília na igreja de Samuel. O apresentador anunciou que na Coreia, na Suíça, nos Estados Unidos, na África e no Nepal também esperavam o mundo acabar.

Descíamos a rua, e Marco Antônio reclamava do esquecimento da luta entre Raimundo e Almir. João Paulo confirmava um boato: os dois não conversavam, mas tinham jogado no mesmo time, e Raimundo até havia dado um belo passe para Almir marcar.

Uma semana antes do fim do mundo, Almir apareceu com o braço engessado. No mesmo dia, Raimundo chegou mancando. Almir explicou: tinha quebrado o braço no caratê e encheu o saco de tanto repetir que não teve culpa. Raimundo não explicou nada. Calado, devia estar esperando chegar setembro.

Três semanas depois do fim do mundo e de um sermão do diretor, Samuel voltou às aulas. Não era mais o cara das piadas ferinas, mas o aluno envergonhado que ia levar bomba se não estudasse o bastante para repor a matéria perdida.

O pai de Marco Antônio era advogado, e o filho vivia falando difícil. Ele dizia:

— Temos de açular esses caras, temos de açular... O colégio ficou chato demais depois do fim do mundo.

— Vou ao dicionário olhar o que significa chato, porque açular todo mundo sabe o que quer dizer, palavrinha mais besta, a gente fala toda hora — disse Aurélio.

— Esse Samuel me fez ter pesadelos. Isso vai ter troco. Vamos combinar uma vingança — falou João Paulo.

Combinamos. No dia seguinte, levamos Samuel num canto. João Paulo perguntou se ele sabia como tinha sido a luta.

— Mentira, puta merda, não acredito, eu perdi essa luta! É mentira! Não, eu não perdi essa luta!

— Quem acredita em fim do mundo perde até o ano, se não ficar esperto — disse Aurélio.

— Perdeu, perdeu sim — repetimos, e descrevemos a luta, os chutes precisos de Almir, o eco dos murros de Raimundo. — Mesmo com o braço quebrado — você não imagina o barulho de um braço sendo quebrado, o osso dobrando assim, ó, e crec e creeeec —, mesmo com o braço quebrado, Almir conseguiu acertar o queixo do Raimundo com o peito do pé, lutou feito um galo de briga sangrando, mas o braço doía muito e ele desmaiou, levaram para a enfermaria do colégio. Raimundo segurou o queixo uns cinco minutos antes de desmaiar também. Almir tirou o gesso poucos dias antes de você voltar.

Samuel socava a própria cabeça.

— E decidimos que houve empate.

— E queremos outra luta, sabe?

— Queremos sangue.

E não paramos aí.

— Fiz uma pesquisa e descobri nas *Centúrias* de Nostradamus.

— É isso mesmo, o verdadeiro encontro de Escorpião e Marte não aconteceu, mas vai acontecer, será a Grande Luta entre dois inimigos.

— Por uma bela coincidência, Raimundo é do signo de Escorpião, e Almir é Marte na mitologia, sabia?

Para provar a verdade das palavras, Marco Antônio sacou da pasta as *Centúrias*, livro que Samuel não ia folhear porque a religião dele proibia. Mesmo assim Marco Antônio leu um pedaço de centúria:

— Até os ímpios na Grande Hora lutarão para a prevalência da fé. Entendeu?

Guardou o livro diante de um Samuel abobado.

— Pois é — disse Aurélio — quem sabe o seu papel histórico, o seu papel bíblico, não é provocar outra luta, açular os caras?

Samuel, agora absolutamente incrédulo, ficou de pensar.

Se pensou, não soubemos; o tempo passou, outras brigas rolaram no chão, o próprio Marco Antônio teve os óculos espatifados num embate inexplicável com João Paulo. Nenhuma delas foi a luta do ano, e chegamos à solenidade da formatura. Discursos, entrega de canudo, cumprimentos. Mesmo com segunda época em três disciplinas, Samuel conseguiu o diploma.

Depois teve a festa, ia ser na festa, tinha que ser na festa. Não foi.

Cada um tomou seu rumo, e aquele ano desapareceu de nossas vidas, até hoje. ∎

Este livro foi composto com tipografia Caslon e impresso em papel Off Set 90 g/m² na Gráfica Paulinelli.